北极航运的多层治理

李浩梅　著

海洋出版社

2017年·北京

图书在版编目（CIP）数据

北极航运的多层治理/李浩梅著．—北京：海洋出版社，2017.8
ISBN 978-7-5027-9923-6

Ⅰ.①北…　Ⅱ.①李…　Ⅲ.①北极-国际航运-海洋法-研究　Ⅳ.①D993.5

中国版本图书馆 CIP 数据核字（2017）第 221898 号

责任编辑：沈婷婷
责任印制：赵麟苏
海洋出版社　**出版发行**

http：//www. oceanpress. com. cn
北京市海淀区大慧寺路 8 号　邮编：100081
北京朝阳印刷厂有限责任公司印刷　新华书店北京发行所经销
2017 年 8 月第 1 版　2017 年 8 月北京第 1 次印刷
开本：787mm×1092mm　1/16　印张：7.5
字数：150 千字　定价：38.00 元
发行部：62132549　邮购部：68038093　总编室：62114335
海洋版图书印、装错误可随时退换

前　言

欧洲探险活动带来了北极航线的开辟，随着船舶技术的进步和基础设施建设的完善，新的航线不断被发现，北极海域的可航范围不断扩展。开发程度较高、通航条件较好的是西北航道、东北航道两条北极航道。西北航道（Northwest Passage）东起戴维斯海峡、巴芬湾，西至白令海峡，途径加拿大北极群岛水域的数个海峡①。东北航道（Northeast Passage）西起冰岛，经亚欧大陆北方沿海，穿过白令海峡，连接东北亚，其中，西起卡拉海峡东到白令海峡的航行区域被俄罗斯称为北方海航道（Northern Sea Route），是东北航道的重要组成部分②。

受全球气候变化影响，北极海冰的范围和厚度都在减少，海冰消融促进了北极航运的兴起和发展。近年来东北航道通行量有大幅提升，西北航道波弗特海沿岸的目的地运输增量较为明显，夏季穿行中央航道也被成功实践。德国、中国、韩国商船纷纷开展试航，探索北极航道商业通航的可行性，北极航道作为连接亚欧交通新干线的雏形开始显现。全球气候变暖带来北极气候及整个生态系统的重大变化，北极航线的开发利用成为近年来北极最值得关注的议题之一。未来北极地区的科学考察以及各种经济开发活动都与海上航行问题息息相关。

面对北冰洋自然环境的变化和航运活动的增长，北极沿岸国俄罗斯和加拿大近期修订了有关北极海域船舶通行的法律法规，加强了对通行船舶的管控，同时计划增加破冰船数量，并编录沿岸基础设施情况。国际海事组织针对北极航行陆续出台了《北极冰覆水域船舶操作指南》和《极地水域船舶操作指南》，具有强制约束力的《极地水域船舶操作国际规则》已经生效。此外，北极国家大力加强海事合作，陆续签订了有关北极海事安全合作的协议，并组建了北极海岸警卫队论坛，积极提供北极航运服

① 西北航道的起点和终点有多种观点，但主要可归为广义和狭义两类，文中表述选用的是广义的说法，取自加拿大北极航行指南（Sailing Directions of Arctic Canada）；狭义的观点只关注位于加拿大北极群岛水域的那部分航道范围。二者是包含关系并不矛盾，选取哪种观点取决于研究视角的选择。关于 7 条航线的具体路径及地理特征，参见 Donat Pharand，Leonard H. Legault. The Northwest Passage：Arctic Straits. Martinus Nijhoff，1984. 1-21.

② Arctic Marine Shipping Assessment，Arctic Council，2009，36.

务。北极航运治理在多个层面开展，深刻影响着未来北极航线的开发利用。

北极航线全面开通后，中国将成为最重要的航道利用国之一，北极航线的开拓和利用符合我国的长远利益。作为非北极国家，中国需要积极参与北极航运治理进程。当前北极航运规则正处于变化发展过程中，新的国家实践和国际动态提供了鲜活的素材，为研究北极航运规则及多层次的治理机制创造了良好机遇。

本书对北极航运多层次治理的研究基于笔者的硕士论文《国际法视角下加俄航行管控制度分析》（2014 年 6 月），当时加拿大和俄罗斯两国国内航行管理法规做出了部分修订，论文聚焦于考察分析两个沿岸国国内法管制的国际法依据及其合法限度。随着国际海事组织《极地水域船舶操作国际规则》的生效以及北极国家陆续签署有关海事安全的合作协议，北极航运的治理出现重要进展。在沿海国北极航运管制的研究基础上，笔者对国际层面和区域层面北极航运治理进展及其功能做了进一步研究，探讨了国际规则与国内规则之间可能出现的互动与协调。由于北极自然环境变化及其社会经济影响彼此关联、相互影响，北极航运治理是现阶段北极综合治理的一部分，依托于北极地区适用的国际法框架及合作治理机制，本书将北极航运治理置于北极区域合作及治理的框架下讨论。本书前两章梳理了北极地区的法律秩序及北极合作机制的发展运行，第 3 章至第 5 章从国际海洋法、国际海事规则、沿海国航行法规以及北极区域海事合作多个层次考察了北极航运的规则体系和实施机制，最后一章讨论了国际规则与沿海国管制之间的互动与协调以及正在探索的北极综合治理路径。

本书的写作得到中国极地科学战略研究基金青年项目（项目编号：20150405）的资助，在此表示衷心感谢。笔者对北极航道法律问题的研究源自参与导师刘惠荣教授相关课题所受的启发，导师的指导与帮助贯穿于整个硕博科研过程中，在她的鼓励与支持下本书才得以完成出版。书中部分观点已经发表在期刊论文中，现汇总成书出版，作为几年来北极研究的一个阶段性总结，希望能够为北极航道法律问题研究添砖加瓦。

李浩梅

2017 年 3 月

目　录

第1章　北极地区的法律秩序

北极是一个地理概念，地理学上将北极圈以北包括北极点的地球区域称为北极地区，而作为地缘政治上的北极地区是晚近才逐渐形成的概念。本书所称北极也以北极圈为界。北极圈以北陆海区域总面积为2 100万平方千米，其中北冰洋面积为1 400万平方千米。北极作为一个区域概念，主体是海洋，由大陆包围，以北纬60度为边界，全部或部分位于北极地区的国家有加拿大、丹麦（格陵兰）、芬兰、冰岛、挪威、俄罗斯、瑞典和美国。

国际法为治理北冰洋事务提供了丰富的法律框架，一般性的国际条约广泛适用于北极地区，早期的一些多边环境保护和生物物种保护条约与北极地区直接相关。北冰洋在国际法上并不具有特殊的法律地位，没有形成自成一体独特的法律体系，北冰洋的法律秩序建立在一般国际法框架基础上。

1.1　比较视野下的北极法律秩序

南极和北极分别位于地球的两端，气候极寒，常年被大范围冰架或海冰覆盖，因而成为西方开发新大陆探险历史中最后完成的区域。尽管在自然条件上具有相似性，然而南极和北极在地形构造上具有明显的差异。南极的中心是被南大洋环绕的南极洲大陆，其陆地和沿岸被冰架覆盖；而北极的主体是北冰洋，被亚欧大陆和北美大陆边缘包围，这种地理差异直接导致了南极和北极法律地位的不同。

在国际法上“南极”不仅是一个地理概念，而且被国际法赋予了特殊的法律地位，以《南极条约》（The Antarctic Treaty）为基石形成了一个与一般国际法并行不悖的南极法律体系，拥有集中的决策和造法机构——南极条约协商国会议，逐步发展起包含科学考察、环境保护、海洋生物资源保护管理等在内的、自成一体的法律体系。而“北极”仍然只是一个地理概念，没有被国际法赋予特殊法律地位，没有形成自成体系的法律体系，适用于北极的国际法是一般国际法的组成部分，没有一个集中的造法机构，北极法律秩序建立在一般国际法基础上，在地区事务的管理上表现出明显的分散和碎片化特征。

1.1.1　南极法律秩序：南极条约体系

继19世纪的南大洋探险以后，20世纪初，受科学和发现新大陆双重利益的驱动，南极大陆探险大规模发展起来。西方殖民国家纷纷支持探险家开展南极探险与发现，进而据此宣告领土发现，主张领土主权。到 1950 年共有阿根廷、澳大利亚、智利、法国、新西兰、挪威和英国 7 个国家对南极大陆提出主权要求，其中英国、阿根廷和智利的主张区域有重叠。对主权诉求的维护、科学研究的前景以及冷战时期南极大陆安全的担忧共同推动南极国际会议的召开（Rothwell D，1996）。在美国倡导下，经过多次会议的准备和南极会议的磋商，阿根廷、澳大利亚、比利时、英国等 12 个国家最终于 1959 年签订了《南极条约》，确立了南极法律秩序的基本框架。《南极条约》的基石是主权冻结原则[①]，即条约规定及条约存续期间内的相关南极活动不构成缔约国当时对南极领土的主张、保留、承认或否认立场的依据，这意味着条约排除了《南极条约》行使对南极领土诉求现状的影响，因而成为主权要求国、潜在主权要求国和非主权要求国都能够共同接受的妥协方案。基于主权冻结，《南极条约》确立了南极非军事化、和平利用、科学研究国际合作、无核化等南极活动的基本原则。

经过 50 多年来的发展，南极条约协商国在《南极条约》法律框架基础上，陆续签订了有关保护南极海豹和南极海洋生物资源的公约，以及关于环境保护的议定书，与南极条约协商国会议通过的有效执行措施共同组成了涵盖和平利用、科学研究、环境保护、海洋生物资源养护等事项在内的综合性的南极条约体系。这一体系是针对南极地区制定的特殊的区域性国际法律制度，其发展独立于一般国际海洋法的演化，近年来南极海域的相关争议引发的南极条约体系与《联合国海洋法公约》之间的碰撞，核心是扩张南极国际治理和“集体管辖权”与强化沿海国海洋主权两种趋势的冲突（陈力，2014），恰恰体现了南极法律制度相对独立、自成一类的性质。

1.1.2 基于一般国际法的北极法律秩序

与南极洲大陆主权未定的地缘政治状况不同，目前北极地区唯一存在的领土争端是加拿大和丹麦均提出要求的汉斯岛，其他陆地领土和陆缘岛屿主权归属均已通过发现、有效占领或让与等方式得以确定。

斯瓦尔巴群岛资源丰富，20 世纪初，挪威、俄国等纷纷对其提出主权要求，经过多边谈判，最终在 1920 年通过签订《斯匹次卑尔根群岛条约》（Spitsbergen Treaty）[②] 得以确定领土主权。公约承认挪威对群岛的领土主权，同时为了平衡其他利益相关方的诉求，赋予所有缔约国国民从事开展生产商业活动的权利。该公约为斯瓦尔巴群岛确立了“主权确定、共同开发”的特殊的法律制度，是北

---

① 需要指明的是，《南极条约》并未对南极的法律地位作出定性，南极尚没有被确立为国际公域（如公海）或人类共同继承财产（如国际海底），当然也不是某些国家的领土，主权冻结原则是一种维持现状的搁置领土主权的处理，南极法律地位事实上仍悬而未决。

② Treaty concerning the Archipelago of Spitsbergen, including Bear Island, 9 Febrang 1920.

极地区唯一一个具有国际色彩的政府间条约（卢芳华，2013），但该条约与《南极条约》及以此为核心发展起来的南极条约体系不可同日而语。其中最主要的不同在于斯瓦尔巴群岛的领土主权确定归属挪威，只是考虑到其他国家在该地区的利益以及公平原则，赋予其他协约国权利，从而对挪威主权带来了一定限制。而《南极条约》搁置了南极主权归属问题，在现有的法律框架下南极洲不存在主权国家，不存在主权国家实施管辖权。而且，这一特殊的斯瓦尔巴机制的适用范围仅限于斯瓦尔巴群岛和熊岛的陆地及领海，地理范围非常有限，由于当时的海洋法观念中仅存在领海和公海的划分，条约的核心内容围绕岛屿的主权和开发权，是以陆地为中心的，并不意图为广阔的北冰洋制定一个特殊的法律框架。

一些重要的有关国际航运、大气保护、海洋环境保护以及生物物种保护的全球或区域性公约也适用于北极地区，例如《国际海上人命安全公约》、《防止船舶污染国际公约》、《保护北极熊公约》、《保护臭氧层维也纳公约》、《东北大西洋海洋环境保护公约》等。在地理范围上，这些公约尽管与北极有直接关联，但规范的对象也主要是针对某一具体事项，彼此之间没有直接关联。在一般国际法、环境法、海洋法的发展过程中，北极始终没有成为一个类似南极地区、被给予专门制度安排的地区。

在没有重大领土纠纷的地缘政治现实下，国际社会并没有针对北极地区建立一个确定北极法律地位和规范北极地区活动的综合性的框架公约，专门针对北极地区制定的专门性公约也寥寥可数。目前除汉斯岛存在争议外，北极地区的大陆和岛屿分属 8 个北极国家，即美国、俄罗斯、加拿大、挪威、瑞典、芬兰、丹麦（格陵兰）、冰岛，北极国家对其所属北极领土拥有完全主权，陆上边界明确清晰。在海域管辖权上，国际海洋法提供了一个广泛的法律框架适用于北冰洋，它规定了关于大陆架外部划界、海洋环境保护（包括冰封区域）、航行自由、海洋科学研究以及其他海洋利用的权利和义务，北极国家尊重并愿意依照这一法律框架有序解决可能产生的冲突主张①。8 个北极国家中，美国、俄罗斯、加拿大、挪威和丹麦 5 国被认为是北冰洋沿岸国②，它们围绕其北极领土划定领海基线，进而向北冰洋方向划定领海、专属经济区，并对毗连陆地的海床和底土主张大陆架区域。北冰洋与其他海域一样适用一般国际海洋法的海域制度。《联合国海洋法公约》上唯一一条专门针对北极的条款是海洋环境保护和保全一章中的冰封区域条款（第二三四条），这一规定赋予极地海域冰封区域的沿海国在环境保护方面更大的管辖权。除此之外，国际海洋法并没有为北极制定特殊的海域制度。换句话说，在国际法上特别体现在海洋法上，北冰洋的法律地位并没有特殊性。

如同其他海域的法律争议一样，北极海域在适用海洋法规则的过程中也出现

---

① The Ilulissat Declaration, 2008.

② 有观点认为冰岛也属于北冰洋沿岸国，参见 Klaus Dodds & Valur Ingimundarson, 2012, Territorial nationalism and Arctic geopolitics: Iceland as an Arctic coastal state, The Polar Journal, 2: 1, 21-37.

了一些争议。首先，北极沿岸领海基线的划定存在争议，最为突出的案例是加拿大北极群岛的直线领海基线。加拿大在整个北极群岛最外围划定了直线基线，从而把群岛水域全部圈为内水，加拿大对北极群岛及群岛水域享有完全主权。对此，美国提出抗议，认为加拿大的基线没有遵守《联合国海洋法公约》第七条的具体要求（Roach J A & Smith R W，2012）。加拿大的法兰德（Donat Pharand）教授评估了国际法上历史性水域原理和海洋法上直线基线规则在北极群岛水域的适用情况，为加拿大主张群岛水域为内水提供辩护（Pharand D，2007）。与之关联的是有关北极航道和几个重要海峡的法律地位及航行制度的争议。西北航道方面，美国主张西北航道为用于国际航行的海峡，其他国家船舶享有过境通行权（Kraska J，2007），而加拿大主张现阶段西北航道的实际通航情况不满足用于国际航行海峡的功能标准，不属于用于国际航行的海峡（Pharand D，1984）。东北航道方面，俄罗斯援引历史性水域、直线基线等国际法规则主张维利基茨基海峡、绍卡利斯基海峡、拉普捷夫海峡、桑尼科夫海峡等北极海峡为内水，而美国认为根据用于国际航行海峡的过境通行制度适用于这些海峡（Brubaker R D，2010）。

此外，加拿大和俄罗斯凭借《联合国海洋法公约》第二三四条制定单边防污和航行管控法律法规，实施冰封区域沿海国管辖权的合法性也引发了美国的质疑，其中一个争议是关于加拿大建立强制性交通服务区系统的程序和制度是否违反了国际海事组织的规则。最后，大陆架拓展进程中也产生了法律主张的冲突，表现在北极沿岸国俄罗斯 2015 年 8 月提交的修正部分申请案和丹麦（格陵兰）2014 年提交的格陵兰岛北部大陆架申请案均纳入了包括北极点在内的罗蒙诺索夫海岭区域，① 加拿大政府曾提出要对北极点的大陆架提出诉求，由此产生 200 海里以外大陆架主张的重叠区域。然而这些争议并非因为北极缺乏国际法规则，这些争议也绝不是北极专属，争议产生的根本原因在于国际海洋法上直线基线，以及用于国际航行的海峡、冰封区域和大陆架等规则具有一定的模糊性，特别是作为一揽子协议的《联合国海洋法公约》在制定过程中尝试调和多样乃至冲突性的利益诉求，不可避免地造成有些规则在适用于具体案例时会引发不同的解释。

北极的法律秩序是相对清晰的，北极国家在《伊卢利萨特宣言》（The Ilulissat Declaration）中重申了已经有广泛的国际法律框架适用于北冰洋，特别是海洋法，北冰洋不需要制定新的法律框架。北极沿岸国积极开展双边沟通和磋商，致力于化解相关争议，近年来一个重要成果就是俄罗斯与挪威之间通过长达 40 年的谈判成功签订了巴伦支海的海域划界协议。北极国家还积极开展双边、区域等多层

① 各国的申请案可从联合国网站上获取，列表见 http：//www.un.org/Depts/los/clcs_new/commission_submissions.htm，访问日期 2016 年 2 月 3 日。

次的北极事务合作，应对跨区域的问题和挑战。

总体上看，国际法上不存在一个类似南极条约体系的、相对独立的北极法律体系，一般国际法的适用使北极陆地和海洋的法律秩序得以确立。一方面，南极条约体系是特定时期、特定地缘政治状况的产物，而北极的核心部分是北冰洋，北极的核心法律框架是国际海洋法，南极模式的经验难以全面直接借鉴到北极地区。南北极在地缘政治状况上的差异不能被忽视，北极沿岸国家通过《伊卢利萨特宣言》否定了北极法律秩序南极化的设想，在可预见的时间里，“南极模式”的北极条约基本不可能实现（郭培清，卢瑶，2015）。另一方面，国际法上没有自成体系的北极法律体系，北极陆上主权及海上管辖权的确定与其他地区适用相同的规则，国际法没有因为北极的自然环境特殊做出独特的制度安排。北极领土秩序方面，根据国家主权原则，北极国家对其陆上领土及其上的财产和居民享有完全的管辖权；环境保护和生物保护领域，一般国际法原则的发展引领了与北极有直接关联的全球和区域性公约的制定；海洋活动领域，海洋法的发展带来了北冰洋海域管辖权的确立和拓展。北极是国际法整体秩序中的一部分，自成体系的“北极国际法”并不存在。北极地区法律秩序建立在一般国际法的基础上，这是北极法律秩序的根本特征。

虽然一般国际法为北极秩序的建立提供了法律框架，但是并不意味着北极不需要新的法律规则。以《联合国海洋法公约》为例，作为一个框架公约，其宽泛的规定容许制定旨在解决北冰洋特殊条件的管理规则（Young O R，2011）。2011 年和 2013 年，北极八国分别在《国际海上搜寻救助公约》和《国际油污防备、反应和合作公约》的框架内签订了针对北极海域的合作协定，后续又建立了北极国家海岸警卫队论坛以开展联合行动。同时，北极沿海国积极倡导极地航行国际规则的制定和出台，在国际海事公约的基础上对通行极地水域的船舶及其操作提出了更高的要求。北冰洋中央公海渔业磋商谈判也在进行，北极国家特别是美国希望通过达成多边协议，限制不受管制的捕鱼活动。北极法律制度在一般国际法的框架内正在出现新的发展。

1.2 国际法在北极地区的适用

北极地区对国际法的适用主要集中在领土主权、生态系统和环境保护、海洋法 3 个领域①，相关国际法的发展对构建北极领土秩序、保护自然环境、管理海洋开发利用、促进地区和平与可持续发展发挥了重要作用。

---

① 这种分类参考了 Rothwell 教授的观点，他认为国际法对北极事务有重要影响的三个领域是北极主权、海洋法和环境保护，统一起来，构成了北极法律秩序的基础。参见 Rothwell，Donald. The Polar Regions and the development of international law ［M］. Cambridge University Press，1996，161.

1.2.1 领土归属

北极领土归属的历史出现过两个重要的案例：一个是东格陵兰岛争议；另一个是斯瓦尔巴群岛争议。丹麦长期主张对格陵兰岛的领土主权。1931 年挪威发布公告，宣布对东格陵兰地区拥有主权，丹麦因此向当时的常设国际法院提起诉讼。1933 年国际法院判决支持了丹麦的主权要求，肯定了在人口稀少或无人定居的地区，一国实际行使主权方面的要求不高即可以建立和维持其主权，只要另一个国家提不出更有力的要求（黄惠康，黄进，1987）。从领土取得的国际法上看，东格陵兰地区法律地位案是为数不多的国际司法案例之一，巩固了不宜人类居住地区行使主权的相关规则。第二个案例是关于斯瓦尔巴群岛，关于这一群岛的主权争端不是通过国际司法途径裁决的，而是通过国家间的政治谈判得以解决的。1920 年《斯匹次卑尔根群岛条约》为该群岛确定了有别于传统主权的国际制度，承认挪威对斯匹次卑尔根群岛（包括熊岛）拥有主权，有权制定管理措施保护当地的动植物；其他缔约国国民在该地区享有公平捕鱼、狩猎、出入港口等从事经济活动的权利，保证对该地区的开发与和平利用；此外条约还规定不得建立海军基地或者防御工事，不得用于战争目的，确立了非军事化的制度①。

目前整个北极地区唯一一处存在争议的领土是位于内尔斯海峡的汉斯岛，面积为 1.3 平方千米，常年冰冻，不生草木，无人居住，长期以来并不为周边国家关注。直到 1973 年，在丹麦和加拿大谈判大陆架划界时，才偶然关注到这个位于海峡中心线上的孤立小岛，两国均主张对汉斯岛享有主权，领土争端自此产生。丹麦依据对无主地的探险和发现以及格陵兰因纽特人历史上对岛屿的利用主张领土的取得，加拿大则以 1880 年从英国接手北美北极群岛并占领和使用为依据，然而双方的法律依据都不充分，因而僵持不下。21 世纪初在国内政治因素的介入下，两国在外交对抗之外还出现了海军登陆示威的行动。抛开这些政治因素的影响，值得注意的是，汉斯岛本身缺乏实际利用价值，在已经完成的加拿大和丹麦两国的实际海洋划界中也没有产生实质影响，正是因为该岛在资源和海域管辖权的拓展方面无足轻重，汉斯岛争议的解决也相对容易。2005 年，加拿大和丹麦发布联合声明②，坚持和平解决领土争端，共同磋商汉斯岛争议的解决方案，这一争议的解决在未来前景明朗。有学者提出可行的两种解决方案：一种是

---

① Treaty between Norway, The United States of America, Denmark, France, Italy, Japan, the Netherlands, Great Britain and Ireland and the British overseas Dominions and Sweden concerning Spitsbergen signed in Paris 9th February 1920. http：//emeritus. lovdata. no/traktater/texte/tre-19200209-001. html, accessed on 7 March 2016.

② Canada-Denmark Joint Statement on Hans Island, September 19, 2005. Available at http：//news. gc. ca/web/article- en. do? crtr. sj1D = &crtr. mnthndVl = 9&mthd = advSrch&crtr. dpt1D = &nid = 170319&crtr. lc1D = &crtr. tp1D= &crtr. yrStrtVl = 2005&crtr. kw = &crtr. dyStrtVl = 18&crtr. aud1D = &crtr. mnthStrtVl = 9&crtr. page = 4&crtr. yrndVl=2005&crtr. dyndVl=20, accessed on 9 March 2016.

将岛屿一分为二；另一种是建立加拿大和丹麦共享主权的共管地（Byers M，2013）。虽然目前两国谈判还未取得最终成果，但汉斯岛争议在双边关系和北极地区地缘政治中并无实际影响，除此之外北极领土秩序是清晰无争议的，8 个北极国家的身份和范围也是明确的。

领土秩序是国际关系中的基础，北极汇集了美国、俄罗斯、加拿大、丹麦、冰岛、北欧三国等实力、政治、文化不同的国家，且北冰洋是美国、俄罗斯两个大国最近的海上通道，北极地缘政治十分微妙。冷战时期由于特殊的战略价值，北冰洋曾经成为美苏两大阵营的军事对抗的前沿阵地，21 世纪以来随着气候变化、海冰消融的加剧，北极特别是北冰洋受到全球各国越来越多的关注，但北极并未因为战略价值的提升引发北极国家间的激烈冲突和无序争夺。其中最根本的原因在于北极领土法律秩序清晰，管辖权明确。国际社会借助国际法途径解决了格陵兰岛和斯瓦尔巴群岛的主权争端，成功避免了因领土问题可能引发的严重冲突，奠定了相对和平的北极地区秩序。尤其是《斯匹次卑尔根群岛条约》，以其独特的制度安排成为和平化解冲突、互利共赢的典范。挪威为环境保护的目的实施了广泛的管理权，通过了多项有关自然生态、环境保护和采矿的管理法规，岛上近 65%的面积建设了公园和自然保护区，生态环境得到了很好的恢复和保护。目前岛上有挪威和俄罗斯经营的大型煤矿，还有多个北极科考国家建立的科学考察站，包括我国的黄河考察站。斯匹次卑尔根岛是北极科学研究的重要基地。从这个意义上看，斯瓦尔巴群岛是北极地区中真正实现了国际和平、共享、开放、合作的地方。

1.2.2 生态系统和环境保护

1.2.2.1 生物物种保护

欧洲国家在北极探险过程中发现了丰富的海洋生物资源，受海豹毛皮经济价值的吸引，加拿大等国家开展了远洋捕获，导致了海豹的数量大幅减少。1893 年美国提起白令海海豹仲裁案，推动了美国、英国（当时对外代表加拿大）、日本和俄国缔结了 1911 年《北太平洋海豹保护公约》①，禁止在北纬 30 度以北的太平洋海域捕杀海豹。这是北极地区最早同时也是国际社会最早的保护野生动物国际条约，为后来的有关海洋生物保护的国内立法和国际条约确立了先例。加拿大、日本、苏联和美国于 1957 年共同签订了《保护北太平洋海豹临时公约》②，

---

① Convention between the United States, Great Britain, Russia and Japan for the Preservation and Protection of Fur Seals, Washington 7 July 1911, http: //pribilof. noaa. gov/documents/THE_ FUR_ SEAL_ TREATY_ OF_ 1911. pdf.

② Interim Convention on Conservation of North Pacific Fur Seals, Washington, 7 May 1976, http: // sedac. ciesin. columbia. edu/entri/texts/acrc/fur. seals. 1957. html, accessed on 10 March 2016.

1980 年和 1984 年先后通过了修订该公约的议定书《北太平洋海豹保护公约》。

捕鲸业始于 11 世纪，荷兰、英国、美国、挪威等国家陆续加入，到 19 世纪晚期，蒸汽动力船舶的发展使捕鲸业的捕猎范围和效率有了质的提升，据统计 1931 年一年就有 43000 头鲸鱼被捕杀，越来越多的鲸鱼种群濒临灭绝。① 1946 年国际社会签署了《国际捕鲸管制公约》②，其宗旨是适当保护鲸群，促进捕鲸产业有序发展。作为公约组成部分的附件进一步规定了具体的管理措施，包括对不同区域和物种设定捕捞限额，指定鲸鱼保护区，保护幼鲸和有幼鲸伴随的母鲸，对捕猎方法进行限制。公约建立了由缔约国政府组成的国际捕鲸委员会，动态调整鲸鱼的捕捞限额，1982 年委员会还通过了一个不限期的商业捕鲸禁令。经过几十年的保护行动，遭受过度捕猎的北极弓头鲸（bowhead whale）的数量得到恢复，目前已经有至少两个鲸群处于健康状态。据统计，2001 年白令海-楚科奇海-波弗特海鲸群数量已超过 10 500 头，且数量自 1978 年开始以超过 3%的年增长率增加。东部北极-格陵兰西部鲸鱼数量也超过 3 500 头，唯有北太平洋和北大西洋海域的露脊鲸并没有明显恢复的迹象③。

20 世纪中叶，北极熊的生存逐渐受到人类活动的威胁，经过在阿拉斯加的早期会谈，加拿大、丹麦、挪威、美国和苏联 5 国于 1973 年签订了《保护北极熊国际公约》④，除有限的几种情况下原则上禁止捕获北极熊，缔约国有义务采取适当措施保护北极熊栖息地，基于可获得的最佳科学数据采取正当的养护实践管理北极熊的数量。在此条约基础上，北极国家、原住民群体之间又陆续缔结了保护和管理北极熊数量的双边协议。具体包括：①2000 年美国和俄罗斯之间的阿拉斯加-楚科加地区北极熊协议，并建立了委员会，确定在楚科奇、东西伯利亚和巴伦支海每年的可捕获水平；②2009 年加拿大政府、努纳武特和格陵兰之间签订的管理协议，建立了主要由因纽特人组成的联合委员会，协调凯恩盆地和巴芬湾的限额分配；③加拿大和美国两个因纽特原住民族群之间 1988 年签订、2000 年修订的北极熊管理协议，对南波弗特海地区的北极熊进行合作管理（Byers M，2013）。

为了保护候鸟数量，北极国家之间以及北极国家与其他国家签署了多个双边和多边的候鸟保护协议，包括美国和英国 1916 年签订的《保护北极亚北极候鸟协议》、美国和墨西哥 1936 年签订的《保护候鸟协议》、美国和日本 1974 年签订的《关于保护候鸟协议》、美国和苏联 1976 年签订的《保护北极候鸟及其生存

① A History of the International Whaling Commission, WWF Global, http://wwf.panda.org/what_we_do/endangered_species/cetaceans/cetaceans/iwc/history/, accessed on 10 March 2016.

② International Convention for the Regulation of Whaling, Washington, 2nd December 1946, https://archive.iwc.int/pages/view.php?ref=3607&k=, accessed on 10 March 2016.

③ Status of whales, International Whaling Commission, https://iwc.int/status, accessed on 10 March 2016.

④ Agreement on the Conservation of Polar Bear, Oslo 15 November 1973, http://pbsg.npolar.no/en/agreements/agreement1973.html, accessed on 10 March 2016.

环境协议》，通过设置禁猎期、禁猎区、保护栖息地等措施加强保护候鸟的跨境合作（杨凡，2010）。

1.2.2.2 大气保护与跨境污染物控制

大气环流系统是具有世界规模的、大范围的大气运行现象，臭氧空洞、温室气体以及持续性有机污染物等大气问题也在破坏北极的自然环境和生态系统。北极污染物很大一部分来自区域外地区，来自南部工业地区的有毒化学物质通过大气和水循环到达北极，污染北极当地的自然环境，并通过食物链累积，对动物和当地居民的健康造成严重的危害，霾和黑碳则污染海冰、改变北极太阳辐射收支平衡、加速了冰雪融化。

臭氧层保护方面，在联合国环境规划署的推动下，28 个国家于 1985 年缔结了《保护臭氧层维也纳公约》，目前联合国 193[①] 个成员国全部加入了该公约，包括 8 个北极国家。公约旨在推动人类活动对臭氧层影响的系统观测、研究和信息交流等方面的合作，采取立法或管理措施限制破坏臭氧层的活动。缔约国大会 1987 年通过了《关于消耗臭氧层物质的蒙特利尔议定书》，确定了减少和消除特定消耗臭氧层物质生产的时间表。根据最新的科学观测，中纬度地区臭氧层将在 2049 年前恢复，南极上空臭氧层将在 2065 年恢复，一个显著的成就是极地之外的臭氧层已经出现恢复的迹象[②]。

跨境大气污染同样需要跨地区共同治理，联合国欧洲经济委员会主持制定了 1979 年《关于远距离跨界大气污染的日内瓦公约》[③]。在此合作框架基础上，至今已发展了 8 个议定书[④]，除 1984 年第一个议定书设立了开展检测和评估欧洲大气污染物远距离传输合作项目的资金制度外，其他议定书针对硫化物、氮氧化物、挥发性有机物等具体空气污染物规定了具有约束力的减排目标。公约目前有 51 个缔约方，包含了 8 个北极国家，且 8 个国家都是原始签约国。通过几十年的综合管理，欧洲地区的空气污染排放大大减少，空气质量有了明显的改善，减少了域外地区来源的空气污染物对北极的影响。

减少持久性有机物污染方面，在联合国环境规划署的组织下国际社会签署了 2001 年《关于持久性有机污染物的斯德哥尔摩公约》[⑤]。根据公约规定，缔约国有义务在有限例外的情况下禁止、消除或者限制列入附件中的持久性有机污染物

---

① 2011 年 7 月 14 日，南苏丹加入联合国，成为联合国第 193 个成员国。

② Handbook for the Vienna Convention for the Protection of the Ozone Layer, Foreword, http://ozone.unep.org/en/handbook-vienna-convention-protection-ozone-layer/2203, accessed on 10 March 2016.

③ 1979 Geneva Convention on Long-range Transboundary Air Pollution, http://www.unece.org/env/lrtap/lrtap_h1.html, accessed on 10 March 2016.

④ Protocols available at http://www.unece.org/env/lrtap/status/lrtap_s.html.

⑤ The Stockholm Convention on Persistent Organic Pollutants, Stockholm 22 May 2001, http://chm.pops.int, accessed on 10 March 2016.

的有意生产、使用以及进出口，减少或消除特定污染物的无意排放，确保以对环境无害的方式安全管理含有或受持久性有机污染物污染的库存和废物。随着科学研究的深入，新的污染物被不断加入公约管控范围，例如，2009 年公约修正案增加了 9 种受控污染物，2011 年新增 1 种受控污染物。目前公约缔约方已经达到 180 个，北极国家中，除美国签署公约但尚未批准公约外，其他 7 个北极国家均已批准公约。自公约实施以来，DDT 和 PCBs 等污染物的生产和扩散得到了大幅度控制。

应对全球气候变化方面，1992 年在里约热内卢召开的联合国环境与发展会议通过了 3 大地球公约，关注影响地球生态系统以及人类未来生存的生物多样性问题、荒漠化问题以及气候变化问题。1992 年《联合国气候变化框架公约》① 承认气候变化是人类共同关注的事项，并确立了共同但有区别责任原则、公平原则、各自能力原则、国际合作等基本原则，为国际社会共同应对气候变化提供了基本框架，目标是确保温室气体的浓度稳定在使气候系统免遭破坏的水平上。1997 年缔约国大会通过了《东京议定书》，对发达国家规定了强制减排的义务，此后气候谈判陷入僵局。2015 年巴黎缔约方会议是气候谈判的最新进展，近 200 个缔约方一致同意通过《巴黎协定》②，这一协定明确了全球平均气温控制的总指标，推动各方以自主贡献的方式参与减排行动，强调发达国家加强对发展中国家的资金、技术和能力建设的支持。谈判虽有进展，但重点是在有效周期内实质性落实减排目标，有效抑制气候变化的速度，要实现这一目标仍然任重道远。

保护生物物种、规制远距离跨境污染以及控制臭氧层破坏和气候变化均是跨越领土边界的国际问题，要求双边、多边乃至全球层面的通力合作与管理。20 世纪以来，面对多样化的生态和环境挑战，一系列生物多样性保护和环境保护条约得以达成，涵盖海豹、北极熊和候鸟等生物物种保护公约，也包括远距离跨界大气污染、持久性有机污染物、臭氧层消耗和气候变化等环境公约。这些条约覆盖的国家和范围各不相同，有的面向全球各个国家，如《保护臭氧层公约》、《联合国气候变化框架公约》、《关于持久性有机污染物的斯德哥尔摩公约》；有的主要覆盖某个地区或面向部分国家，如《关于远距离跨界大气污染的日内瓦公约》、《保护北极熊国际公约》、《北太平洋海豹保护公约》；也有的是双边的物种保护公约。由于地球大气圈、水圈、生物圈等子系统之间相互联系、相互作用，北极生态系统深受域外环境的影响，北极国家与其他国家共同参与生态和环境保护的规制，不仅能保证北极圈内的相关活动得到规范，同时也规制了与北极生态系统有关联的其他区域内的活动，全球性条约或跨区域的国际合作是保护北极生态和环境的重要途径。

---

① United Nations Framework Convention on Climate Change, New York, 9 May 1992, http://unfccc.int/2860.php.

② Paris Agreement, http://unfccc.int/meetings/paris_nov_2015/items/9445.php.

从实施效果上看，这些环境条约在其管辖范围内都不同程度地实现了最初的规制目标，多数公约采用框架公约加附件或议定书的发展模式，逐步推进科学研究与合作，确定具体的可用限额或减排义务，加强缔约国的资金支持和能力建设，从而推动环境条约逐步得到实施。生物物种保护条约设置以科学数据为依据、公平分配可捕获量、重视保护栖息地的管理制度，有效遏制了无限制的捕捞特定生物物种，使被过度捕杀近乎绝迹的海豹、北极熊、北极鲸等物种的数量逐渐恢复。有关大气保护和长距离跨境污染物控制的环境公约也取得了显著的实效，臭氧层空洞在缩小、区域性的大气污染物和持久性有机污染物的产生和扩散得到限制，多个环境条约成为通过多边合作应对全球性问题的范例。

1.2.3 海域划界

北极地区的主要特征是陆地包围海洋，位于中心的是广阔的北冰洋，海洋秩序是北极法律秩序的重要组成部分。以《联合国海洋法公约》[①] 为核心的国际海洋法确立了沿海国与其他国家有关管辖海域和大陆架范围及划界、海洋环境保护、航行权、海洋科学研究以及其他海洋利用的权利和义务。目前5个北极沿岸国家中，尽管美国还未批准《联合国海洋法公约》，但承认其中的专属经济区、大陆架制度、公海制度是习惯国际法的内容，因此北极沿岸国家对适用于北极的法律框架的认识是一致的，正如北冰洋5国在《伊卢利萨特宣言》中宣称，“海洋法框架为5个沿岸国以及其他海洋使用者开展负责任的海洋管理提供了坚实的基础”[②]。

基于明确的陆地领土权属，北冰洋的海洋秩序也逐步建立。21世纪前后，《联合国海洋法公约》陆续对加入公约的北冰洋沿海国生效，加拿大、挪威、俄罗斯、丹麦（格陵兰）纷纷确定了200海里专属经济区[③]以及相应的大陆架权益，并逐步开展相向和相邻国家之间重叠主张区域的海洋划界。对200海里以外大陆架延伸区域，除美国之外的4个北冰洋沿海国已依照公约的程序和规则向大陆架界限委员会（Commission on the Limits of the Continental Shelf）提交大陆架申请案或初步信息，主张超过200海里的大陆架，北冰洋中央海底的管辖权边界依赖大陆架界限委员会对各国划界申请案的审议进程及随后沿海国依据委员会建议确定的最终边界。目前挪威已经收到了委员会对其大陆架外部界限的最终建议，并着手确定大陆架外部范围；2015年8月3日收到委员会要求补充证明材料的俄罗斯再次提交大陆架外部界限申请修正案；丹麦2013年提交了划界申请案；加

---

① 《联合国海洋法公约》，http：//www.un.org/zh/law/sea/los/index.shtml.

② The Ilulissat Declaration，Arctic Ocean Conference，Ilulissat Greenland，27-29 May 2008.

③ 挪威在斯瓦尔巴（Svalbard）和扬马延岛（Jan Mayen）海域设立的是专属渔区。

拿大目前只提交了初步信息①。美国目前虽没有批准公约，但是依据习惯国际法也主张了200海里的专属渔区和大陆架②。

基于各国的管辖海域主张，目前北冰洋海洋边界存在哪些争议？根据两位国际海洋划界专家（Ted McDorman和Clive Schofield）的研究，北冰洋的海洋边界可分为已经完成的划界、部分完成的划界以及海域主张重叠区3类情况。截至2015年，第一类是已经完成的北冰洋划界情况：2010年挪威与俄罗斯在巴伦支海和北冰洋所有的海洋划界；1990年俄罗斯与美国在北冰洋楚科奇海和北冰洋的海洋划界；1995年挪威扬马延岛与丹麦格陵兰岛之间的大陆架和渔区划界。第二类是部分完成的划界情况：2006年丹麦格陵兰与挪威斯瓦尔巴200海里内的渔区和大陆架边界已经划定，200海里外大陆架主张存在重叠区域有待解决；2012年加拿大和丹麦格陵兰对北冰洋林肯海海域200海里内的海洋界限初步达成原则性协议，但最终海洋边界协议还未公开，200海里外大陆架极有可能出现重叠区，届时也需要协商划界情况；2006年丹麦（法罗群岛）、冰岛、挪威针对三国之间相关海域200海里以外大陆架可能存在的重叠主张达成协议备忘录。第三类是存在海域主张重叠区的情况：加拿大和美国在波弗特海的海域存在大面积重叠区域主张，双方采用不同的划界标准，如果双方主张200海里外的大陆架还会存在重叠区域划界的问题；原本不是海上邻国的丹麦（格陵兰）和俄罗斯因同时主张大陆架区域延伸至中央北冰洋洋底而形成重叠主张区域，两国达成正式双边谅解；类似的，根据加拿大200海里外大陆架的主张范围很可能会出现与俄罗斯大陆架的重叠（Mcdorman T & Schofield C，2015）。

从海洋争议类型和数量看，除200海里外大陆架外部界限需要在大陆架界限委员会的参与下陆续确定以外，北冰洋在200海里以内尚未解决的海洋边界只剩下美国和加拿大在波弗特海的海洋划界，另一个边界线有待具体落实的是加拿大和丹麦（格陵兰）林肯海海域的海洋边界。据报道两国通过谈判已经达成原则性划界协议③。

目前及未来一段时间北冰洋的划界重点在200海里以外的大陆架区域，在加拿大提交具体的划界案及美国提出200海里外大陆架的主张以后，俄罗斯、丹麦（格陵兰）、加拿大和美国之间则需要在北冰洋中央海底区域对主张重叠区进行大陆架划界。北冰洋未解决的200海里内划界数量较少且不复杂，这与北冰洋的

---

① Submissions through the Secretary-General of the United Nations to the Commission on the Limits of the Continental Shelf, pursuant to article 76, paragraph 8, of the United Nations Convention on the Law of the Sea of 10 December 1982, http://www.un.org/depts/los/clcs_new/commission_submissions.htm.

② Table of claims to maritime jurisdiction (as at 15 July 2011), http://www.un.org/Depts/los/LEGISLATIONANDTREATIES/PDFFILES/table_summary_of_claims.pdf.

③ The Canadian Press, "Canada, Denmark forge tentative deal on Lincoln Sea boundary," November 29, 2012, http://www.cbc.ca/news/canada/north/canada-denmark-forge-tentative-deal-on-lincoln-sea-boundary-1.1150969.

海域地理特征简单、沿海岛屿主权明晰、沿海国对国际法有较强的认同息息相关。北冰洋未来一段时间将面临较为集中的200海里外大陆架划界任务，而其他海域这一类型的争议还不明显。这一现象的出现有主客观双重原因：一方面北冰洋的面积和特别的海底地形为大陆架延伸至200海里外创造了天然条件；另一方面，北冰洋沿海国相比其他海域的沿海国，具有较高的科技和军事能力开展海底地形地质考察，从而使其最大限度地主张大陆架权益成为可能，推动北冰洋在这一类型的争议比其他海域提前显现。

从海洋边界确立的进程看，北冰洋海洋划界稳步推进，沿海国主要通过双边谈判进行海洋划界，没有因为海域主张重叠引发激烈的对峙或冲突。进入21世纪，北冰洋双边谈判和磋商取得了多个重要成果，最突出的是挪威和俄罗斯达成巴伦支海划界协议，彻底解决了两国之间在北冰洋的多种海洋边界①。尽管北极国家在未来一段时间内将面临比较集中的200海里外大陆架边界确定的议题，但沿海国的行动并没有表现为无序的纷争，除美国以外其他4个主张200海里外大陆架的北冰洋沿海国均遵循《联合国海洋法公约》的程序和要求、在大陆架界限委员会的参与下确定外部界限，同时进行双边或多边沟通，达成通过谈判划界、不阻滞大陆架界限委员会审议进程的互惠谅解，北冰洋大陆架边界有望在未来逐步确定。

国际海洋法是适用于北冰洋的主要法律体系，它为沿海国建立管辖海域及其管辖权提供了法律依据，为规范资源开发、航行活动、海洋环境保护、科学研究等海洋利用活动提供了基本法律框架。20世纪是海洋法迅速发展的时期，在这个过程中，北极沿岸国家逐步确定了领海基线，扩展了领海范围，划定专属经济区或专属渔区，并逐步推进双边海域和大陆架划界。当前北冰洋的海洋划界绝大多数已经确定，只有波弗特海域以及北冰洋中央海底附近的大陆架边界有待建立。海洋法适用于北冰洋，这在国际法上没有异议，尽管近年来北冰洋受到越来越多的关注，北极地区的地缘政治格局依然稳定，得益于现有的国际法框架为北冰洋和北极提供了必要的法制保障。

---

① Publisher Office of the Prime Minister, "Treaty on maritime delimitation and cooperation in the Barents Sea and the Arctic Ocean signed today," September 15, 2010, https://www.regjeringen.no/en/aktuelt/treaty/id614254/.

第2章　北极区域合作机制的建立与发展

在国际局势变动以及全球环保运动蓬勃发展的历史背景下，20 世纪 90 年代专门针对北极的合作机构密集建立，其法律地位、成员、职能范围呈现多样性，环境保护和经济发展是主要合作主题。进入 21 世纪，北极可持续发展面临的挑战更加凸显，相关利益方通过单边、双边、区域乃至国际多边机制制定北极航行、防污、捕鱼规则，加强海上搜救、溢油处置合作，开展北冰洋海底科学调查合作，推动北极可持续发展。总体来看，北极合作的趋势在加强，北极在北极国家战略制定中的地位提升，新的利益相关方参与到北极事务治理中，北极合作机制得到扩展和深化。

2.1　北极区域治理机制的发展进程

2.1.1　北极区域合作的兴起

北极探险的历史源自 18 世纪。在探险时代，北极地区被视为不适宜人类居住的地球边缘地区，常常与地球另一端的南极做比较，并称为极地地区。20 世纪上半叶两次世界大战接连发生，世界局势风云变幻。1882—1883 年、1932—1933 年两次国际极地年和 1957—1958 年国际地理年是当时有关北极的最主要的国际合作，参与方通过开展广泛的科研观测站等行动，推动了北极水文、大气、地磁、海冰等自然科学以及少量北极人类学的科学研究①。“二战”结束以后，北极地缘政治上的战略价值凸显。北冰洋是美苏两个大国海上和空中航线的最短距离，冷战时期洲际导弹和弹道导弹的兴起，使得北极成为美苏军事对抗的前沿阵地，其他北极国家也被卷入到北约和华沙两大阵营的对抗格局中，北极安全局势十分紧张。

20 世纪 70 年代末和 80 年代初的国际形势变化，包括种族运动与地区合作的兴起、70 年代初冷战缓和期以及全球性的环境运动兴起，为北极地区区域性对话和合作创造了条件（Keskitalo E C H，2004）。加拿大、丹麦、挪威、美国和苏联 5 国于 1973 年签订了《保护北极熊国际公约》；70 年代初，加拿大和苏联、美国和苏联开展了一系列有关北极科学的双边交流与合作；1977 年跨越美国、

① The History of IPY, http: //nas-sites. org/us-ipy/the-history-of-ipy/, access on 26 April 2016.

加拿大和丹麦（格陵兰）3 国的因纽特人组成的因纽特人北极圈会议成立，争取因纽特人对北极政策的参与和贡献（Rothwell D，1996）。这一阶段多元化、具体的合作行动进一步促进了北极国家关系的缓和，为之后的北极政府间合作机制的建立做了必要的准备。

1987 年摩尔曼斯克讲话①是北极国家政治和外交政策发生转变的重要标志，一定程度上缓和了北极地区紧张对立的政治关系，推动了后续几个重要北极区域合作机制的建立。1990 年北极八国的科学代表以鼓励和便利北极合作为目的，成立了国际北极科学委员会，随后英国、法国、德国、日本等非北极国家加入。其宗旨是鼓励和促进前沿多学科的北极研究合作，以提升对北极地区及其在地球系统中的科学认识，目前这个委员会成为最具影响力的北极科研合作组织。

1991 年 11 月，来自 10 个北方国家的 24 个地方政府组织和商业组织，聚集在阿拉斯加小城安卡雷奇就共同关心的政治、环境和经济问题进行讨论，成立了北方论坛（Northern Forum）。北方论坛的使命是，"通过北极地区领导人之间的交流应对共同挑战的知识和经验，改善该地区人民的生活质量；支持可持续发展模式，支持在北方地区和国际舞台上开展社会经济合作。"北方论坛积极与其他的北方地区机构和组织联系，在国际上发挥着越来越大的影响力。1993 年在冰岛雷克雅未克召开了第一届北极地区议员会议（Conference of Parliamentarians of the Arctic Region），由北极八国议会和欧盟议会代表组成议会同盟，会议也包括代表北极地区原住民的永久参与者和观察员。

1993 年 1 月，为改善巴伦支海域冷战时期长期存在的东西方对峙局面，增进了解与合作，在挪威政府倡议下，北欧五国、俄罗斯及欧盟委员会共同建立巴伦支欧洲-北极理事会（Barents Euro-Arctic Council），其宗旨是加强巴伦支海地区的经济、环保和科技合作，同时支持俄罗斯的改革进程，美国、加拿大、英国、波兰、日本等区域外国家作为观察员参与合作。在此框架内巴伦支地区的地方官员与原住民代表签署了合作议定书，建立了巴伦支地区理事会（Barents Regional Council），从而形成中央和地方两个层面的巴伦支区域合作。

环境保护方面，在芬兰的积极倡导下，北极八国从 1989 年开始先后经过 4 次北极环境会议的准备和磋商，最终于 1991 年在罗瓦涅米部长级会议上通过了《北极环境保护战略》②。这一战略表达了北极八国联合应对北极环境问题的共识，并制定了相应的行动计划，但这些承诺并不是有拘束力的法律义务和责任；北极国家无意达成一个新的北极环境保护条约，而是充分利用现有或正在发展的

---

① 苏联对北极和平、安全和发展提出了 6 个方面的倡议：建立北欧无核区、限制北欧附近海域的海空军活动、和平开发北极自然资源、合作开展北极科学研究、联合保护北极环境、向国际航运开放北方海航道。北极问题研究编写组编：《北极问题研究》，北京：海洋出版社，2011 年，第 262-263 页。

② Arctic Environmental Protection Strategy, Rovaniemi Finland, June 1991. Available at http://library.arcticportal.org/1542/1/artic_ environment.pdf, accessed on 26 April 2016.

多边环境机制或安排（Rothwell D，1996）。为了实施这一战略，北极八国建立了4个工作组和一个特别任务组，分别开展污染监测和影响评估、物种和栖息地保护、北极海洋环境保护、突发事件预防、准备和反应，以及可持续发展和利用方面的工作。《北极环境保护战略》以工作组开展项目的方式得到实施和运作，工作组完成项目报告、政策建议或行动指南提交部长级会议审议，这些基础性工作在北极理事会框架内得到延续。

同期，加拿大提出建立北极国家理事会的构想，经过组织一系列磋商谈判，北极八国最终在1996年9月达成《关于成立北极理事会的宣言》，建立了第一个覆盖8个北极国家的政府间高级别区域论坛，协同北极原住民代表共同促进北极地区可持续发展和环境保护的合作与交流。其行动范围主要是北极可持续发展和环境保护方面的共同议题，北极原住民和其他居民以永久参与方的身份参与理事会事务，监督和协调北极环境保护战略框架下运行的4个工作组项目，并建立可持续发展项目①。

进入21世纪，北极可持续发展面临的挑战更加凸显。北极合作的趋势在加强，北极在北极国家战略制定中的地位提升，新的利益相关方参与到北极事务治理中，北极合作机制得到扩展和深化。2001年北极大学联盟（UArctic）成立，为从事北极教育和研究的大学、科研机构建立了信息、资源交流合作的网络。2011年和2013年北极国家在北极理事会协助下签署了《北极海空搜救合作协定》、《北极海上油污预防和反应合作协定》两个具有法律拘束力的多边条约，为进一步落实这一协定，于2015年10月成立了北极海岸警卫队论坛，加强水域安全保障和管理。2013年关于北极未来的国际对话和合作网络北极圈论坛（Arctic Circle Forum）在冰岛成立，这是目前最大的北极论坛，作为一个开放的民主平台，所有关注北极发展及其全球影响的政府、非政府组织、企业、大学、个人均可参加。2014年北极经济理事会（Arctic Economic Council）在北极理事会的推动下成立，由北极国家和原住民组织提名的商业代表组成，促进环北极地区的商业合作和负责任的经济开发活动。始于2008年由北极沿海五国联合召开的北冰洋会议延续多年，目前正在牵头北冰洋公海渔业谈判，沿海五国北冰洋会谈机制也值得关注。

2.1.2 北极区域治理的特点

面对北极地区自然环境、生态系统正在发生的重大变化，北极利益相关方认识到北极的可持续发展有赖于区域乃至更大范围内的合作，特别是科学考察研究、生物及生态系统保护、自然环境保护、海上航行安全、区域经济发展等领域，北极合作在双边、地区、区域乃至国际各个层面推进，多元化的区域合作组

① Declaration on the Establishment of the Arctic Council, Ottawa, Canada, 1996.

织建立起来，合作成为当前北极地缘政治的主流和现实。

北极区域治理在发展的过程中呈现三个重要特点，一是北极原住民的广泛参与；二是治理方式的软法性（孙凯，郭培清，2012）；三是机制分散不成体系。

第一，北极原住民群体是北极治理的重要参与主体，为北极治理做出了重要贡献，这是北极区域治理的鲜明特点。北极国家早在 1991 年签署《北极环境保护战略》时就赋予了因纽特人北极圈会议、北欧萨米理事会和苏联北方人民协会 3 个原住民组织观察员的身份。丹麦还资助建立了原住民秘书处，协助原住民组织的交流与参与。到北极理事会时期，符合标准的原住民组织被正式赋予永久参与方的地位，在北极理事会的活动中享有高于域外国家和相关国际组织作为观察员的地位。北极原住民有权参与所有工作组的工作，充分参与和表达他们的意见，以维护原住民的利益和价值。《北极远海油气指南》中就有专门关于北极社区、原住民、动植物保护的内容，并强烈建议北极国家针对油气勘探开发应事前咨询有关原住民并保障其有效参与。《北极海上航运评估报告》中也有专章阐述北极原住民及环境保护的内容，敦促相关国家在海事活动的计划阶段应当保证沿海社区的参与。北极原住民深度参与北极理事会的工作，不仅为北极事务贡献了原住民特有的传统和地方知识，而且增强了北极理事会的合法性（Koivurova T, 2011）。在巴伦支双层架构的合作框架内，原住民实际上也享有超越观察员的特殊地位。地方理事会在 1995 年建立了关于原住民的工作组，由萨米民族、涅涅茨民族等代表组成，除开展工作组工作外，还具有向两级理事会提出建议的职能和作用，其中工作组主席在理事会部长级会议上代表该地区的原住民，在地区理事会和委员会也有原住民代表，保证原住民群体能够表达其利益和诉求。原住民关注的生存和发展需要在北极区域治理中受到尊重，原住民事务是区域治理的重要内容，原住民群体也是开展北极区域治理的重要力量。

第二，北极区域治理机制普遍建立在软法文件基础上，组织化程度缓慢提升。最初北极国家的环境保护合作只是建立在《北极环境保护战略》的基础上，甚至没有一个组织实体来管理和执行，仅仅通过设立若干工作组实施战略中的具体措施，通过定期会议管理和推动北极环境保护工作。北极理事会的建立提升了北极区域合作的制度化进程，北极理事会制定了关于会议、决策等的程序规则以及工作组的职责范围，为北极环境合作提供了一个实体。然而，北极理事会仍然算不上国际法意义上的国际组织，而只是一个组织化程度较低的政府间论坛。北极理事会缺乏条约或宪章等法律文件明确授予其独立的法律人格，无权制定和实施具有强制约束力的法律文件；北极理事会缺乏强制性的财政制度，没有独立可支配的资金开展项目，工作组的启动和运行依赖成员国的自愿资助；长期没有固定的秘书处，也没有其他组成机构负责行政管理职责，依赖松散的工作组开展工作，缺乏内部组织协调。巴伦支欧洲—北极理事会也建立在政府宣言基础上，组织结构与北极理事会类似。尽管存在上述局限，但北极区域治理机制的软法性适应了当时北极地缘政治的实际情况，消除了美国等国家担心受到过度制约的顾虑，也为北极原住民参与北极治理灵活创设了特殊主体资格。受惠于软法机制便于达成协议、无需经过国内批准程序、制度简单灵活等优势，北极区域合作机制得以迅速建立和发展。2006 年和 2011 年巴伦支理事会和北极理事会分别建立了固定的秘书处，区域合作机制的制度化程度在逐步提升，以适应北极治理的任务和需求。

第三，多元化的北极治理机制是自下而上自发兴起的，没有一个统领性的指导框架，不同合作机制之间的关系非常薄弱。随着北极合作机制的增长，一些合作组织之间建立了双边合作关系，希望加强交流与协作。例如，国际北极科学委员会与众多极地和全球研究组织都通过签署备忘录等方式建立了正式的伙伴关系，北方论坛与北极大学联盟、联合国开发计划署等组织机构也签署了合作协议。然而这些局部、零散的双边关系并没有解决北极治理不成体系的问题，这一点可以从北极理事会与其他区域合作组织的关系中表现出来。北极理事会接纳了众多政府和非政府组织作为其观察员，其中包括北欧部长理事会、国际北极科学委员会、北方论坛等北极区域性合作组织。然而观察员的主要职能是"观察"理事会工作，依托观察员身份开展的沟通和协调依然有限。北极理事会与其他更多的区域合作组织并没有建立制度化联系。北极经济理事会由北极理事会协助建立但名义上是一个独立机构，其《程序规则》① 将"为北极理事会工作提供建议和商业视角"列为北极经济理事会的目标之一，导致北极经济理事会与北极理事会的关系并不清楚。此外，北极海岸警卫队论坛与北极理事会也没有正式的联系，巴伦支欧洲—北极地区理事会（Barents Euro-Arctic Regional Council）与西北太平洋经济合作区（Pacific Northuest Economic Region）这两个重要的区域性组织同样缺乏与北极理事会正式交往的能力②。这种分散化的治理形态给未来加强北极事务的综合管理提出了挑战，随着北极治理进程的推进，加强内部体系化将提上日程。

2.2 区域治理中的北极理事会

在北极区域治理机制中，北极理事会是唯一由全部北极国家组建的政府间高级论坛，是北极国家与北极地区居民针对北极事务进行合作、协调和交流的主要平台，是公认最重要的北极区域合作组织。作为北极治理的核心机制，过去 20 年来北极理事会的发展体现了北极区域治理的强化和改善，其取得的成就也反映了北极区域治理的成果。

---

① Rules of Procedure, Arctic Economic Council, 2016.

② Heather A. Conley, Matthew Melino. An Arctic Redesign: Recommendations to Reiuvenate the Arctic Council, Center for Strategic and International Studies report, Febmary 2016, p. 8.

2.2.1 北极理事会的组织架构

《渥太华宣言》① 是北极理事会的基础性文件，规定了北极理事会的性质、宗旨和职能、成员结构和运行机制，理事会成立后又出台了《北极理事会程序规则》②、《北极理事会附属机构观察员手册》③ 等文件。性质职能方面，北极理事会是促进北极事务合作、协调和交流的高级论坛，其宗旨包括维护北极居民的福祉、保障北极地区的可持续发展以及保护北极环境 3 个方面。北极理事会承担管理协调《北极环境保护战略》框架下 4 个项目组以及可持续发展项目组、传播信息以及鼓励北极相关的教育等职能，但宣言并未给予北极理事会制定法律与政策的授权。

成员结构方面，北极理事会的参与主体分为三个层级。第一层级是 8 个北极国家，是北极理事会的成员。第二层级是永久参与方，6 个代表北极原住民的组织被赋予永久参与方的身份，有权参与所有理事会会议和活动，享有提案、发言等权利。与成员国身份最大的不同体现在理事会正式决策时没有独立的投票权，为确保其利益得到考虑，决策主体北极国家有义务全面征询永久参与方的建议。第三层级是观察员，非北极国家和组织可以申请观察员身份，获得列席会议、参与项目的权利，但参与权受到极大的限制。北极理事会为成为观察员设立了多重准入标准，最终决定权仍在北极国家手中，接纳为观察员以后每 4 年要重新评估一次。

北极理事会的运行机制包含会议制度和执行机制两部分。北极理事会的会议包括部长级会议和北极高官会议两种，前者通常每两年一次，后者每年至少召开两次。北极高官应当接收和讨论工作组和其他附属机构的报告，并且按照北极理事会的决定和指示协调、指导和监控北极理事会的活动。北极理事会的决定采用 8 个北极国家协商一致通过原则。根据修订后的《北极理事会程序规则》规定，所有北极理事会及其附属机构的决定都应当由 8 个北极国家协商一致通过。如果北极国家没有全部出席某次部长级会议或高级北极官员会议（SAO），在出席的北极国家协商一致的基础上，必须得到其他未出席的北极国家的书面确认后才可通过。工作组、任务组或其他附属机构的决定也要经过出席的北极国家的一致同意，且未出席的北极国家有书面反对的权利。

北极理事会设有工作组、任务组、专家组作为附属机构，在北极高官的指导下开展工作。目前北极理事会有 6 个工作组运行，此外还根据需要设立短期任务组或专家组，应对特殊任务。北极国家或永久参与方可以提议设立合作活动，北

---

① Declaration on the Establishment of the Arctic Council, Ottawa, Canada, 1996.

② Arctic Council Rules of Procedure, as adopted in 1998, Iqaluit, revised in 2013, Kiruna.

③ Observer Manual for Subsidiary Bodies, adopted in 2013, Kiruna.

极高官应当审议北极国家和永久参与方向部长级会议提出的拟议合作活动，并向北极理事会提出建议，所有拟议项目的授权须经北极理事会会议决定。提议设立工作组、任务组等机构的，其组成及授权应当经部长级会议决定。

长期以来北极理事会没有固定秘书处，缺乏承担相关行政和管理职能的常设机构，举行会议以及相应的事务性职能由轮值主席国承担，通常在其国内设立临时秘书处。直到 2011 年努克部长级会议期间，北极国家决定在挪威特罗姆瑟设立一个常设秘书处，秘书处于 2013 年 7 月正式运行。秘书处主要承担提供行政和组织支持以及交流等职能，包括安排会议、传递报告、协助主席起草会议文件、保存北极理事会的记录、提供和散发有关北极理事会的信息①。北极理事会固定秘书处的设立，加强了北极理事会的组织化程度，提升了理事会的整体工作效率，便利了北极理事会内部的沟通及对外信息传播。

北极理事会建立在软法文件基础上，因缺乏北极国家的授权，不具有独立的法律人格，缺乏作为国际组织的权利能力和行为能力，只是组织化程度较低的多边论坛。北极理事会的软法基础、参与主体的“等级差序结构”（陈玉刚，陶平国，秦倩，2011）以及松散的组织架构反映了特定历史条件下北极国家的政策考量和利益选择。北极国家意识到北极区域合作的必要性，但回避建立基于条约的国际组织，避免其决策自由受到太多的制约；北极国家从环保和社会福利等议题切入开展北极区域合作，具有良好的政治和实践基础；北极国家重视北极原住民的利益及其他利益相关方可以发挥的作用，但仍然确保决策权牢牢把握在自己手中。

2.2.2 北极理事会的治理功能

作为聚焦于北极事务的政府间论坛，北极理事会充分发挥了促进成员和其他参与方沟通协调北极事务的论坛功能。经过 20 年的发展，北极理事会作为北极区域论坛的地位和影响力大大提升。

北极理事会为北极国家提供了北极事务的定期会谈机制部长级会议和高官会议，同时依托常设工作组为参与方提供开展合作项目的机制载体，从科学研究到协商议事全面推进北极区域合作。一方面，增加了北极国家在北极事务上的协调与合作，促进北极环境保护和经济社会发展相关政策的实施，提升了北极区域治理水平。另一方面，强化了北极国家作为利益共同体的认同，促进北极地区作为独立的国际政治区域的形成，提升了北极地区在国际事务中的影响力。北极理事会尊重北极原住民的地方性知识和利益关切，赋予其实际参与的政治权利，提供了北极国家和原住民组织共同探讨北极政策的平台。

北极理事会的主要职能不是管理和决策，而是通过发现新的北极问题，形成

---

① http://www.arctic-council.org/index.php/en/about-us/arctic-council/the-arctic-council-secretariat.

议题进而影响国家、区域乃至国际政策议程。这种“生成功能”既是北极理事会的独特性，也是北极理事会成功的关键①。围绕北极国家的关切，北极理事会建立了6个常设工作组，汇集北极国家及相关组织的专家和资源，依照其授权独立或联合开展工作。北极理事会陆续发布了多个综合性的评估和研究报告，涉及气候变化及其影响、环境污染物、航运活动、动植物多样性、溢油污染反应、人类健康、原住民语言等重要议题②。这些基础性的研究报告提升了外界对北极的认识，深刻影响了北极区域治理的议题和方向，为北极国家制定北极政策提供了科学依据，其贡献的北极知识还推动了跨地区环境问题的治理。

以气候变化为例，作为首个针对北极地区气候变化影响的综合性评估报告，北极理事会的《北极气候变化评估报告》③（2004）揭示了气候变化的事实及其对北极生态系统、经济社会环境的深刻影响。这一报告受到北极地区内部和国际社会的广泛关注，北极理事会和其他区域治理机制随后将气候变化的影响和应对作为合作和磋商的重要议题，也深刻影响了北极国家有关减排的国内政策。报告成果被国际政府间气候变化专门委员会第四次评估报告吸收，推动了气候变化谈判进程，也提升了国际社会对北极地区的关注。

此外，北极国家近年来开始利用北极理事会建立和加强具体领域的合作机制，北极理事会的政策制定功能逐渐显现。自2009年起，北极国家针对专业事项开始设立任务组，其任务通常是研究和拟定行动计划或合作协定，具有显著的政策制定性质。任务组处理的议题包括加强黑碳和甲烷减排的行动、促进环北极商业论坛的建立、执行加强北极理事会机制的决定、开展和完成关于北极搜救合作国际文件的磋商、制定北极海上油污预备和反应的国际文件、制定防止海上油污染的方案等。④ 其中就包括促成了《北极海空搜救合作协议》和《北极海洋油污预防和反应合作协议》两个多边条约的签署，并创立北极经济理事会。尽管达成的两个北极合作协定不是北极理事会作为国际主体通过的法律文件，但北极国家选择利用北极理事会这一合作论坛进行多边条约的磋商。同样，尽管北极经济理事会宣称独立于北极理事会，但不可否认，北极理事会“孕育”了多边条约和新的专门性合作机制。在已有的经验基础上，北极理事会又设立了目前正在运行的科学合作任务组（TFAMC），负责研究提升北极国家科学合作的机制安排，2015年4月设立北极海洋合作任务组（SCTF），研究加强北极海洋合作的需要，并提出相应的机制安排。

---

① Oran Young, The Way Forward for the Arctic Council, Shared Voices Magazine 2016 Special Issue: Arctic Council at 20, http://www.uarctic.org/shared-voices/shared-voices-magazine-2016-special-issue/the-way-forward-for-the-arctic-council/.

② http://www.arctic-council.org/index.php/en/our-work, accessed on 28 April 2016.

③ Arctic Climate Impact Assessment, 2004.

④ http://www.arctic-council.org/index.php/en/about-us/subsidiary-bodies/task-forces.

受气候变化的影响，北极地区将出现越来越多的人类活动，需要北极国家在新的领域加强合作，而北极理事会为此提供了理想的论坛[①]。为了应对这种治理需要，北极国家通过授权任务组的方式，在工作组模式外开辟了协商北极事务、制定北极政策、构建法律机制的新途径。短期任务组和专家组是北极理事会的一个重要发展，表明北极理事会越来越重视将科学和评估工作转化为政策和行动[②]。虽不能直接制定有拘束力的法律文件，北极理事会仍可以发起、协助北极国家拟定和磋商多边条约和机制。因此有学者评价，北极理事会出现“从政府间论坛向政治决策型机构转型”（程保志，2013）。然而需要指出，北极理事会促成多边条约达成的功能与具有立法和管理权能的国际组织存在重大差异，北极理事会为准备和开展条约或相关机制的磋商提供了场所和机制，然而条约的法律效力不是自动的，是否赋予其法律约束力以及是否执行该项制度安排取决于作为主权国家的北极国家，是否选择北极理事会机制开展北极事务磋商和谈判也取决于北极国家的政策选择。

北极理事会20年来发展的实践表明，北极理事会软法合作机制适应了北极现实条件，在维持北极国家间友好关系、灵活及时应对北极情势变化、提升北极科学知识、影响北极政策制定等方面发挥了独特作用。

2.2.3 北极理事会的局限及面临的挑战

北极理事会是北极区域治理的核心机制，具有重要的政策导向和拓展北极合作机制的作用，然而在面对庞大而严峻的北极治理任务时，北极理事会机制显现出其局限性和不足，需要加强改革，提升治理能力。

北极理事会作为政府间高级论坛，无法制定具有法律拘束力的规则措施，也无法提供国际条约的监督执行机制，这种软法基础被认为是北极理事会机制的重要缺陷。北极理事会宣言中只能敦促政府实施《北极远海油气指南》[③] 等指南和措施，而没有强制性保障履行的监督机制。这是北极理事会不具备国际组织法律人格的必然结果，也是政策博弈后的策略选择。建立一个以管理和决策为核心的国际组织实体，很可能会牺牲北极国家合作的意愿和机制的灵活性。以法兰德为代表的一些学者主张，北极区域合作组织应当建立在多边条约法律基础上，应当是具备组织机构和法律决策能力的正式国际组织（Pharand D，1992）。然而从北极理事会创立之初到现在，北极国家始终缺乏赋予北极理事会独立法律人格的政

① 20 years of the Arctic Council: How has the Council changed? http://www.arctic-council.org/index.php/en/our-work2/8-news-and-events/417-20-years-balton-1.

② Terry Fenge and Bernard Funston, “The Practice and Promise of the Arctic Council”, *Greenpeace Report* (April 2015), http://www.greenpeace.org/canada/Global/canada/file/2015/04/GPC_ ARCTIC%20COUNCIL_ RAPPORT_ WEB.pdf.

③ Arctic Offshore Oil and Gas Guidelines, 2009.

治意愿。2016 年 9 月，北极国家通过庆祝北极理事会建立 20 周年联合声明，重申遵守《渥太华宣言》确立的原则①，并无意改变北极理事会政府间论坛的性质，北极理事会在未来一段时间内仍将保持目前的法律地位。

在北极理事会中，北极原住民组织作为独立的参与主体，可以参与北极理事会的会议和各项活动，北极国家的最终决策须征询其建议才可做出，然而原住民群体自身并没有类似政府拥有的资源和能力，其实际的北极事务参与程度受到其可利用资源的极大限制。原住民组织需要更高的能力、更多的人员和资金，才能充分参与北极理事会的相关工作②。域外国家和组织只能以观察员身份参与北极理事会的工作，无权参与任何决策，即便是参与工作组等附属机构的活动也受到等级分明的规则限制。北极国家既希望域外国家为北极合作项目贡献优势和专长，同时又严格限制其在北极政策层面的影响力，域外国家和组织的合理关切和利益得不到表达，影响了参与北极理事会工作的积极性。

北极国家内部也存在不同的利益群体，给北极理事会的内部合作带来潜在的风险。从意识形态上看，美国和俄罗斯两个大国分歧严重，克里米亚事件暴露和深化了政治上的对抗状态，从综合实力上看，美国、俄罗斯和加拿大属于 3 个北极事务的大国；其他 5 个欧洲北极国家实力相对单薄，只好通过在许多议题上抱团形成共同的声音，增强北极事务上的话语权。更显著的集团分化表现在北冰洋沿海国和非沿海国的分类，自 2008 年起美国、俄罗斯、加拿大、挪威、丹麦 5 国定期举行北冰洋会谈，将自己定位为北冰洋沿海国，目前已基本形成稳定的五国会谈机制。即使排除这些利益分歧，北极国家对北极地区政策关注也存在差异，如美国作为北极理事会轮值主席国任期内将应对气候变化的影响作为重点政策之一，而加拿大在上一任期内的总体主题是“为北方人民而发展”，特别重视负责任的资源开发和北极航运等北极开发活动。此外，专业性、区域性的北极区域合作机制在北极理事会外纷纷建立，除北极地区议员常务委员会、国际北极科学委员会、北方论坛、北极大学联盟等合作组织作为观察员适当参与北极理事会合作项目外，大多数区域合作组织与北极理事会并无制度上的稳定联系，这样就导致北极区域治理力量的多元中心和碎片化，一定程度上北极理事会作为高级政府间论坛的中心作用也会淡化和削弱。

抛开北极理事会利益主体多元和北极治理力量分散等问题，北极理事会内部机制运作也存在很多结构性挑战。早在 2001 年曾任芬兰环境部长的 Pekka Haavisto 提交的咨询报告就指明了北极理事会多项问题，例如对外宣传不足、内部沟通欠缺、缺乏行政服务、对观察员的角色没有清晰的界定、与其他北极行为

---

① The Arctic Council：A Forum for Peace and Cooperation，2016. http：//www. arctic－council. org/index. php/en/our-work2/20th-anniversary/416-20th-anniversary-statement-2，accessed on 5 Dec. 2016.

② Terry Fenge and Bernard Funston，“The Practice and Promise of the Arctic Council”，Greenpeace Report (April 2015)，p. 23.

体的合作没有制度化、资金不足、自下而上的进程、存在任务重叠和空白等①。针对其中许多问题，北极国家通过多项措施做出了改革，优化了管理制度。具体包括：2012 年和 2016 年两次制定《北极理事会宣传战略》②，向外界提供准确、及时、全面的北极事务信息，促进对北极理事会及其工作的支持；2013 年在特罗姆瑟设立了常设秘书处，开展行政和管理工作支持北极理事会运作；出台《北极理事会附属机构观察员手册》，细化观察员的准入标准和参与规则；建立项目支持专款基金（PSI）；出台了规范附属机构与外部组织建立和保持协作关系的内部程序指南，规范与外部合作机制的联系和沟通。

这些改革仍然相对缓慢，目前松散的工作组运行模式妨碍了北极理事会治理能力的提升。北极理事会需要继续推进提升改革工作能力，在组织管理方面采取双重措施。横向上，常设工作组、特别任务组等附属机构之间的沟通、协调乃至整合需要进一步优化；纵向上，北极高官会议对工作组等附属机构的指导和监督有待加强。

工作组在确定、开展项目时具有很大的自主权，北极高级官员对工作组的指导粗略不具体，缺乏总体规划。尽管两年一届的轮值主席国制度和两年一次的部长级会议一定程度上可以为理事会工作确定优先事项，但北极理事会缺乏一个长期战略指导自身的发展，同样，北极理事会还缺乏相应的机制，在各工作组和任务组之间确定优先次序和统筹协调③。当前常设工作组约有 80 个项目同时进行，为了充分有效地利用有限的资源，北极理事会决策管理层需要有一定的顶层设计和规划，合理分配和利用有限的人力、资金和其他资源研究北极的优先事项，协调和整合繁多的项目。作为尝试，挪威曾于 2008 年提交了一份讨论报告，提议将理事会的活动整合为环境监测和评估、环境行动、经济和社会与文化 4 大主题，但这项提议没有得到采纳④。值得关注的是，2016 年北极理事会高官会议上为北极污染物行动计划工作组通过了一个升级版的战略计划，并原则上同意为北极理事会制定一个长期战略计划。工作程序方面，2016 年 12 月，北极理事会还制定了《工作组共同运行指南》⑤，对代表、主席、会议、决定、报告、项目追踪等具体操作做出规范。这显示了北极理事会高层开始对各工作组的工作加强规

---

① Pekka Haavisto, Consultant' s study: Review of the Arctic Council structures, 2001. https://oaarchive.arctic-council.org/bitstream/handle/11374/449/ACSAO-FI01_ 6_ AC_ Structure_ final.pdf? sequence=1&isAllowed=y.

② Arctic Council Communication Strategy, 2016.

③ The Arctic Council: Perspectives on a Changing Arctic, The Council' s Work, and Key Challenges. A Joint Memorandum of a Multilateral Audit on the Arctic States' national authorities' work with the Arctic Council, 2015, p. 10. https://oaarchive.arctic-council.org/handle/11374/1527, accessed on February 10, 2017.

④ Terry Fenge and Bernard Funston, "The Practice and Promise of the Arctic Council", *Greenpeace Report* (April 2015), p. 15.

⑤ Working Group Common Operating Guidelines, approved intersessionally during December 2016.

划和领导，并重视对整个理事会工作的战略思考和定位。

在部长会议和高官会议对附属机构工作实质性指导不足的状况下，工作组之间各自为政的模式无法应对日益庞大的工作要求，影响了北极理事会的工作成效。据报告，北极理事会6个常设工作组在授权上存在一定的交叉重叠，需要消耗时间去讨论和划分责任，且随着设立越来越多的特别任务组，常设工作组的投入和项目资源被抽走，加剧了项目之间的竞争①。除个别评估报告外，大部分北极理事会工作的成果并没有得到重视，当前的工作组及其工作计划设置不合理，亟待重组②。为了加强沟通和协调，工作组必须定期进行会谈，沟通工作计划、分享信息，或者开展联合项目，尽量缓解项目交叉、重叠和资源竞争问题。

不稳定的经费来源也是制约北极理事会工作的一个重要因素。北极国家对北极理事会不承担拨款缴费的义务，北极理事会运作的经费严重依赖于北极国家的自愿资助，这对理事会持续稳定地开展工作带来巨大风险。秘书处针对北极理事会资助的报告指出，虽然常设秘书处和各工作组秘书处的经费主要来源于成员国的直接拨款，但工作组的项目运行主要来源于参与方的实物资助，由相关国家的国家机关、国际组织和个人贡献信息、工时和专业资源③。主导国家的资助和投入决定了项目能否启动和顺利开展，而人员投入相比较资金投入具有更大的流动性，这就加剧了项目组工作的不稳定性。自愿、利益驱动和针对具体任务的项目经费模式使一些工作组没有足够的资金能力开展工作，生物多样性评估项目曾因为资金不足延期了多年④。

为了给紧迫、重要项目的开展提供充足稳定的资金支持，2004年北极理事会设立了项目支持专项基金（PSI），专门用以资助有关治理北极污染物行动项目的开展，这是一个为优先项目提供资金支持的自愿性机制。其运作情况严重依赖于北极八国的资助意愿，设立之后的很长时间因资金不到位一直没有启动，直到2014年美国和俄罗斯两国先后落实拨款后才开始运作。而且这一基金的资助范围较窄，导致污染防治项目之外的工作组项目无法受益，至今北极理事会自愿性的经费模式仍没有根本的改变。

---

① The Arctic Council: Perspectives on a Changing Arctic, The Council' s Work, and Key Challenges. A Joint Memorandum of a Multilateral Audit on the Arctic States' national authorities' work with the Arctic Council, 2015, pp. 9-10.

② An Arctic Redesign: Recommendations to Rejuvenate the Arctic Council, Center for Strategic and International Studies report, 2016, p. 7.

③ Arctic Council Secretariat, Arctic Council funding: An overview, 2016, https://oaarchive.arctic-council.org/bitstream/handle/11374/1721/EDOCS-3199-v4-ACSAOUS202_Fairbanks_2016_5-1_Arctic-Council-funding-an-overview.pdf?sequence=1&isAllowed=y.

④ Terry Fenge and Bernard Funston, "The Practice and Promise of the Arctic Council", *Greenpeace Report* (April 2015).

2.3 其他北极事务合作平台

2.3.1 巴伦支地区合作

1993 年 1 月巴伦支欧洲-北极理事会（Barents Euro-Arctic Council）建立，最初目的是为了改善巴伦支海域冷战时期长期存在的东西方对抗和分立，促进巴伦支地区和整个欧洲的和平、安全、稳定与发展，丹麦、芬兰、冰岛、挪威、瑞典、俄罗斯及欧盟委员会是其成员，美国、加拿大、波兰、日本等域外国家具有观察员身份。由地方政府和萨米理事会签署议定书成立的巴伦支地方理事会（Barents Regional Council）致力于地方间的合作交流，目前成员包括芬兰、挪威、俄罗斯、瑞典的 14 个县或相当于县的次国家地区实体。

巴伦支地区建立了两个层次的合作机制，第一个是政府间合作论坛，第二个是地方合作论坛。两个理事会在保持独立的基础上又保持着紧密的联络。巴伦支欧洲-北极理事会设立了开展经济合作、环境、救援合作、交通以及森林事务的工作组，巴伦支地方理事会也设立了关于环境、交通和后勤保障、投资和经济合作的工作组，两个理事会还在健康和相关社会问题、教育和研究、能源、文化、旅游、青年等议题上联合开展工作，此外还设有一个专门针对原住民的工作组①。巴伦支地区的合作领域非常广泛，除外交部长外，成员国交通、环境、文化等事务的主管部长也定期出席理事会会议，推动区域合作的务实发展。巴伦支地区的合作有效促进了相关国家的互信，推动了 2010 年 9 月俄罗斯与挪威在巴伦支和北冰洋地区海洋划界协议的成功签订。

2.3.2 北欧合作

北欧合作是全球范围内形式最为广泛的区域合作伙伴关系之一，涉及丹麦、芬兰、冰岛、挪威、瑞典、法罗群岛、格陵兰和奥兰群岛。北欧合作具有政治、经济和文化渊源，是欧洲和国际合作的重要参与方。1952 年建立的北欧理事会是北欧国家开展议会间合作的论坛。1971 年建立的北欧部长理事会是北欧地区政府间合作的论坛，分为若干个部长理事会，分别负责在多个领域开展北极合作，其宗旨是提升北方地区原住民的生活质量，促进北极人民的社会文化发展，同时保护北极脆弱和独特的自然环境，保障北极地区的资源可持续利用。北欧各国总理承担地区合作的主要责任，由于地区合作牵涉多个领域和部门，在实践中北欧国家和法罗群岛、格陵兰、阿兰群岛三个自治领地分别委任北欧合作部长，承担领导和协调北欧政府间合作的职责。

---

① http：//www.barentscooperation.org/en/Working-Groups，accessed on 7 March 2017.

北欧部分陆地和海洋位于北极圈以内，北欧国家大量参与了北极事务，努力改善北极原住民的生活质量、保护独特而脆弱的北极自然环境，保障自然资源的可持续利用，保护生物多样性。北欧合作揭示了北极地区的社会条件、性别平等和经济状况，并在污染、重金属和气候变化议题方面生产和提供了大量的知识。北欧对北极大学的资助改善了原住民人口的教育机会，也支持了驯鹿放牧。北欧理事会坚持的开放和合作原则也意味着有大量资金可供利用，且每年都有大量资助用于北极合作。

北欧议会与北欧政府在北极事务上共同应对，一方面，北欧理事会讨论北极问题，北极地区议员常设委员会在北极议会两年期会议上讨论与北极和巴伦支海区域有关的问题；另一方面，各国政府在北欧部长理事会、北欧理事会和欧盟内部合作处理北极事务。北欧部长理事会的北极合作方案为具体项目和活动确定框架，北极合作方案非常广泛，包含环境、健康、能源供给、科研、文化、教育、商业、信息技术等领域，此外，北极合作方案还包括与北极理事会其他成员国、与欧盟和巴伦支欧洲-北极理事会开展合作。部长理事会为北极地区制定了不同的方案、战略和倡议，这项工作的总体责任在于北欧合作部长，配有北极专家委员会协助，就北极活动的规划、运行和后续行动提供咨询意见①。

北欧部长理事会关注到北极地区正在发生的变化及其自然、经济、社会各方面的影响，在科研、能源、渔业、国际合作等方面加大投入，寻找应对北极变化的措施。具体措施有：设立了北欧最大规模的联合研究创新计划——北欧气候、能源和环境高级研究计划，北极是该计划三个横向优先事项之一，目前正在建立北欧研究中心和科学观测网络；北欧人烟稀少地区的能源特别任务组发布了能源资源和能源运输效率白皮书；北欧部长理事会与加拿大卫生部一起采取行动，利用公共健康和社会福利的北极伙伴关系，作为合作解决原住民健康问题和社会问题的平台。

2.3.3 科学研究合作

科学研究领域的北极合作组织众多，包括国际北极科学委员会（International Arctic Science Comnittee）北冰洋科学委员会（Arctic Ocean Sciences Board）、新奥尔松科学管理委员会（Ny-Ålesund Science Managers Committee）、北极研究管理者论坛（Forum of Arctic Research Operators）等。其中最重要的是国际北极科学委员会。

国际北极科学委员会成立于 1990 年，最初由 8 个北极国家科研组织的代表组成，随后对域外从事北极科学考察的国家开放，目前其成员已经囊括了参与北

① Nordic co-operation in the Arctic, http://www.norden.org/en/theme/arktis/nordic-co-operation-in-the-arctic.

极研究的22个国家的科学组织，北极国家和非北极国家的研究机构享有平等完全的成员身份。作为一个非政府间组织，国际北极科学委员会成员身份只对国家级科研机构开放，具有明显的政府色彩，其职能也具有较强的管理、组织性质。国际北极科学委员会是北极理事会的观察员，积极为北极理事会及其参与成员提供科学建议，还与一些工作组联合开展项目，共同完成北极气候影响评估报告等重要的成果。委员会积极协调并指导各国的北极考察活动，针对一些重大科学问题组织庞大的国际合作计划，代表性的有俄罗斯北极国际科学行动（ISIRA）。为了科学规划北极科学研究的开展，北极科学委员会发起或组织了国际北极研究规划会议（ICARP）、北极科学峰会周（ASSW）等具有重大影响的科学活动。

10年一届的国际北极研究规划会议已经召开了3次，会议发布的报告确定了未来重大前沿北极研究议题及项目计划，对指引北极研究的方向发挥了重要作用。其会议成果不仅为科学家群体提供了设计联合研究计划的机会，激发了致力于北极研究的科学家的共同体意识，而且将北极科学推送到更广泛的前沿研究进程中，加强了北极科学与全球科学的联系①。自1999年以来，北极科学峰会周每年召开，主要目的是提供一个将北极研究者和研究组织聚集起来加强国际协调、协作的机会，解决北极科学组织之前缺乏密切的联络和协作的问题。目前，欧洲极地委员会、北极研究管理者论坛、北极大学等均成为峰会周的国际协调组成员，国际冻土协会、国际北极社会科学协会以及北极理事会工作组也积极参与这一科学活动，峰会周成为北极科学组织之间加强交流合作的正式会议②。

除北极合作组织之外，值得一提的是2001年成立的北极大学（UArctic），它是一个由从事北极教育和研究的大学、学院、科研机构及其他组织组成的合作联盟，致力于建立和加强共享资源和基础设施，使成员机构可以更好地服务北极居民和地区。目前联盟成员已经超过170个，北极大学是世界最大的教育研究机构之一。北极大学成员以8个北极国家的科研机构为主，目前已有21个非北极国家的科研机构加入，其中中国成员已达10名③，接近非北极国家成员总数的一半④。

2.4 北极区域合作的发展

北极合作机制方面，多元化的北极合作机制大多基于宣言等软法性文件，建

① 25 Years of International Arctic Research Cooperation, special issue of the IASC Bulletin, pp. 42-43.

② 25 Years of International Arctic Research Cooperation, special issue of the IASC Bulletin, pp. 59-61.

③ 北极大学联盟现有10名中国参与成员，它们是国家海洋局第一海洋研究所、第二海洋研究所、第三海洋研究所、中国极地研究中心、国家海洋环境预报中心、环境保护部环境发展中心、中国海洋大学、大连海事大学、中国环境科学研究院、中国气象科学研究院。

④ http://www.uarctic.org/member-profiles/non-arctic/. 访问日期2017年7月21日。

立起来的理事会、委员会、论坛等合作组织的法律人格和职能范围与建立在多边条约基础上的国际组织相比有更大的局限性。在北极合作模式的选择上，北极国家无意建立具有严格法律人格和广泛权能的国际组织，而更期望通过约束力不强、灵活度高的平台进行北极事务实际合作，避免受到过多的约束、承担更多的义务和责任。软法基础上的北极理事会在规则政策的制定及实施方面作用有限，但其运行和发展的实践表明，软法合作机制在当前一个阶段适应了北极事务多议题、多利益相关方及动态发展的实际需要，在生产北极知识、塑造和设定议题、容纳和代表相关利益方等方面①发挥了实际作用。

当前的北极合作机制关注于科学研究、环境保护、地区经济可持续发展等低政治领域，而敏感性的军事安全问题则被排除在磋商与合作框架之外。随着北极国家增加投入、提升北极作战能力、重启北极军事训练，北极安全环境日益复杂，北极区域合作在具有不确定性的政治安全背景下展开（张侠，屠景芳，2011）。剥离安全议题事实上保护了北极合作机制的平稳推进，从而在安全形势紧张的时期能够提供一条开放的交流渠道②。北极合作机制经受住了国际局势波动的考验，北极国家在北极经济社会发展、生物资源养护、环境突发事件应急、海上搜救等北极非传统安全问题上不断推进合作。近年来，关于采取何种北极治理模式的讨论异常激烈（郭培清，卢瑶，2015），催促着现有的北极合作机制进行改革，以充分适应北极面临的挑战。北极理事会接收中国、日本、韩国等域外国家为正式观察员，成立常设秘书处，筹建北极经济理事会，加强理事会机制建设，这些行动正是这种改革尝试的具体表现。

在气候变化和全球化双重影响下，北极汇集了国际航道通航、气候变化、重大科学研究、生态系统保护、资源能源开发等多个具有全球和地区重要影响的事务，多层次、分议题的北极合作机制正在建立和加强。北极合作机制是相关行为体寻求实现北极利益的重要途径，是管控北极事务、协调分配北极利益的主要方式，是北极法律秩序发展和运作的制度载体。在这个过程中，北极国家利益与域外国家利益、沿海国利益与其他国家利益、北极地区利益与国际社会共同利益的博弈和斗争贯穿始终。

---

① Arild Moe, Svein Vigeland Rottem and Olav Schram Stokke, "The Arctic Council Adapting to the Future," *Shared Voices Magazine*, 2016 Special Issue. Oran R. Young, "The Way Forward for the Arctic Council." *Shared Voices Magazine*, 2016 Special Issue, http://www.uarctic.org/shared-voices/shared-voices-magazine-2016-special-issue/, accessed on 30 May 2016.

② Kathrin Keil, "An Arctic Security Forum? Please no!" May 26, 2016, available at http://www.thearcticinstitute.org/2016/05/an-arctic-security-forum-please-no.html, access on June 2, 2016.

第3章　北极海域的管辖权与航行权

海洋法赋予沿海国的海域管辖权为北极沿海国实施航行管控提供了法律基础，研究加拿大和俄罗斯的北极航行管控制度，有必要先考察其依据国际法可以享有的管辖权限。沿海国管辖权与其他国家的航行权是相互制约的矛盾关系，《联合国海洋法公约》海域分区制度的核心就是划定不同海域中沿海国与其他国家的权利和义务。此外，《联合国海洋法公约》第二三四条冰封区域条款以及国际航行海峡制度对北极海域的航行活动和航行管控有特殊意义。

3.1　海洋法上的沿海国管辖权

沿海国在不同海域中享有的管辖权不同，航行权与管辖权相互制约，对航行制度的保障构成对管辖权的限制。从内水、领海到专属经济区，沿海国管辖权逐渐减弱，相应地，其他国家享有的航行自由逐渐加强。

3.1.1　内水制度下的沿海国管辖权

领海基线向陆一面的水域构成一国内水的一部分①，内水具有与陆地领土完全相同的法律地位。沿海国对内水享有完全的主权和管辖权，外国船舶不享有无害通过权利，进入一国内水必须获得批准。

对沿海国在内水中的管辖权，《海洋法公约》有两点限制。

第一点体现在环境管辖权上，根据船源污染条款的规定，“各国如制定关于保护海洋环境的特别规定作为外国船只进入其港口或内水或在其岸外设施停靠的条件，应将这种规定妥为公布，并通知主管国际组织”②。

第二点体现在外国船舶通行权方面，即在采用直线基线方法划定领海基线从而出现原来不是内水的区域被包围而成为内水时，在新形成的内水内，外国船舶仍享有无害通过权③。与此条款相关，还有学者提出对于用于国际航行的海峡，

---

① 《联合国海洋法公约》第八条第一款。除特别说明，《联合国海洋法公约》的条文均参照了联合国网站上的中文译文，http：//www.un.org/zh/law/sea/los/index.shtml。英文文本参见 http：//www.un.org/Depts/los/convention_agreements/texts/unclos/closindx.htm.

② 《联合国海洋法公约》第二二一条第三款。

③ 《联合国海洋法公约》第八条第二款，延续了1958年《领海和毗连区公约》第五条的规定。

上述新形成的内水内，过境通行制度依然适用[①]。

3.1.2 领海制度下的沿海国管辖权

领海是毗邻一国海岸一定宽度的水域，领海同领陆、领空一样是一国领土的一部分，沿海国享有完全主权。然而与内水制度不同，其他国家在一国领海内享有无害通过权。外国船舶在一国领海内的无害通过，构成对沿海国行使主权和实施管辖的限制；但在二者的关系上，主权是绝对优先的，沿海国有权管制外国船舶的通行。具体来说，沿海国的管辖权及其要求体现在以下方面。

首先，沿海国可以对广泛的事项制定法律规章，规范外国船舶的无害通过，其中特别提到了航行安全与海上交通管理，防止、减少和控制环境污染等事项[②]。《联合国海洋法公约》对沿海国制定法规提出了两点要求：一是所有规章要妥为公布；二是对于外国船舶的设计、构造、人员配备或装备，沿海国的法规应限于执行一般接受的国际规则或标准[③]，具体指国际海事组织通过的国际规则和标准，这意味着公约排除了沿海国在此议题上单边行动的权利及其合法性。

其次，在沿海国看来为航行安全目的必要时，沿海国可在考虑到主管国际组织的建议、习惯上用于国际航行的水道、特定船舶和水道的特殊性质以及船舶来往频繁程度的基础上，指定海道和规定分道通航制度，并将清晰标出海道的海图妥为公布[④]。沿海国还可为外国船舶提供特定服务并收取报酬，但不得仅以外国船舶通过领海为理由征收费用，且不应有任何歧视[⑤]。

再次，沿海国在法定情形下可对外国商船和用于商业目的的外国政府船舶行使刑事和民事管辖权[⑥]。军舰和用于非商业目的的政府船舶也应当遵守沿海国关于通过领海的法律规章，否则可能会被沿海国要求立即离开其领海；因不遵守沿海国法规或相关国际法规则使沿海国遭受损害的，船旗国应负国际责任[⑦]。

---

① 《联合国海洋法公约》第三十五条（a）项规定，“本部分的规定不影响：（a）海峡内任何内水区域，但按照第七条所规定的方法确定直线基线的效果使原来并未认为是内水的区域被包含在内成为内水的情况除外”。尽管该条款未说明第三部分国际海峡的规定将如何影响新形成的内水，但却暗示参考第八条第二款，后者保护了在这些水域中已形成的无害通过权，此处意图保障的则是国际海峡这一特殊制度下的过境通行和无害通过权。参见 Bingbing Jia. The Northwest Passage：An Artificial Waterway Subject to a Bilateral Treaty Regime? Ocean Development & International Law，2013，44：125.

② 《联合国海洋法公约》第二十一条第一款。具体包括以下事项：航行安全及海上交通管理；保护助航设备和设施以及其他设施或设备；保护电缆和管道；养护海洋生物资源；防止违反沿海国的渔业法律和规章；保全沿海国的环境，并防止减少和控制该环境受污染；海洋科学研究和水文测量；防止违反沿海国的海关、财政、移民或卫生的法律和规章。

③ 《联合国海洋法公约》第二十一条第二款。

④ 《联合国海洋法公约》第二十二条。

⑤ 《联合国海洋法公约》第二十六条。

⑥ 《联合国海洋法公约》第二十七条和第二十八条。

⑦ 《联合国海洋法公约》第三十条、第三十一条、第三十二条。

最后，在执法权上，沿海国可在其领海内采取必要步骤防止非无害的通过，可为保护国家安全包括武器演习在内认为有必要的情况下，可在不加任何歧视和正式公布的前提条件下暂停特定区域内外国船舶的无害通过[①]。在有明显根据认为在领海内航行的船只违反防污法规或相关国际规则时，可对船舶进行实际检查，在有充分证据时提起司法程序[②]。

沿海国领海主权的行使受相关规则的限制[③]，最根本的要求是不得妨碍外国船舶的无害通过，即不能对外国船舶强加要求，以致实际后果等于否定或损害无害通过的权利，也不得有形式上或事实上的歧视[④]；在控制船源污染的国际规则和国内立法条款中，公约也再次强调法律和规章不应阻碍外国船只的无害通过[⑤]。

3.1.3 专属经济区制度下的沿海国管辖权

沿海国在专属经济区内享有针对自然资源和从事经济性开发和勘探活动的主权权利，以及对特定事项的管辖权，包括人工岛屿、设施和结构的建造和使用、海洋科学研究以及海洋环境的保护和保全[⑥]。其他国家在一国专属经济区内享有航行和飞越自由，但应遵守沿海国按照国际法制定的法律和规章，顾及沿海国的权利与义务[⑦]。

具体来说，沿海国的管辖权包含以下几个方面。

自然资源的养护和管理方面，沿海国有权制定生物资源的养护和管理的法律规章，其他国家捕捞生物资源须经沿海国的准许；对大陆架上的自然资源，沿海国享有专属勘探开发权利，其他国家未经沿海国明示同意，不得从事这种活动[⑧]。人工岛屿、设施和结构方面，沿海国有专属权利建造并授权和管理建造、操作和使用人工岛屿、设施和结构，专属管辖权包括有关海关、财政、卫生、安全和移民的法规，并可对其设置安全地带，一切船舶均要尊重[⑨]。海洋科学研究方面，沿海国同样有权规定、准许和进行相应的海洋科学研究，但相比领海中的专属管辖权，沿海国受到更多的限制，如是否批准的标准更加明晰，建立了默示同意规则[⑩]。

沿海国有权对专属经济区制定防止船舶污染的法律和规章，但应符合一般接

---

① 《联合国海洋法公约》第二十五条。
② 《联合国海洋法公约》第二二〇条第二款。
③ 《联合国海洋法公约》第二条第三款。
④ 《联合国海洋法公约》第二十四条第一款。
⑤ 《联合国海洋法公约》第二一一条第四款。
⑥ 《联合国海洋法公约》第五十六条。
⑦ 《联合国海洋法公约》第五十八条。
⑧ 《联合国海洋法公约》第六十二条和第七十七条。
⑨ 《联合国海洋法公约》第六十条。
⑩ 《联合国海洋法公约》第二四六条和第二五二条。

受的国际规则和标准[①]。针对专属经济区内特殊生态或交通状况，沿海国可以依照法定程序，在主管国际组织审查和批准的基础上，适用更严格的环境标准[②]。在环境执行权上，在有明显根据认为一国船舶在专属经济区内违反上述规章或国际标准时，沿海国可要求船舶提供关于该船的识别标志、登记港口等必要情报；有明显根据认为航行船舶犯有违反关于防止船舶污染法规的行为并导致大量污染物排放，还可依情况对船舶进行实际检查或提起司法程序[③]。

与沿海国在领海内的管辖权相比，上述专属经济区内的管辖权具有功能性、经济性和特定性，管辖权的行使受到国际规则、标准和主管国际组织的制约，限制要高于领海管辖权中"不应妨碍无害通过"的要求。

3.1.4 用于国际航行海峡沿岸国的管辖权

国际海峡制度的建立是美国及俄罗斯等海上强国应对20世纪50年代起沿海国纷纷扩大领海宽度的主张、保障重要海峡航行自由的成果。国际海峡制度的核心是特殊的通行制度，一般认为国际海峡制度是领海制度的特殊和例外情形。

公约第三部分中的国际海峡在地理特征上被限定为穿越沿岸国领海或内水、连接公海或专属经济区的一部分与公海或专属经济区的另一部分之间的，用于国际航行的海峡，纯粹公海航道或专属经济区航道适用相应的航行和飞越自由的规定[④]。

对于国际海峡的认定，地理特征的要求明确也容易判定，存在争议的是功能标准的认定[⑤]，如"用于国际航行"是指实际利用还是包括潜在利用，通行海峡的航运量的标准为多大，是否区分地区性通行与国际性通行，是否区分军舰、潜艇通行与商业通行，等等。国际海峡的认定不是本书的重点，在此不做叙述。

《联合国海洋法公约》为国际海峡规定了特殊的航行制度[⑥]。对于连接公海或专属经济区的一部分与公海或专属经济区的另一部分之间的用于国际航行的海峡，外国船舶通行适用过境通行制度。对连接公海或专属经济区的一个部分与外国领海之间的海峡，以及由沿岸国一个岛屿和该国大陆形成且岛屿向海一面有航行和水文特征同样方便的公海航道或专属经济区航道的海峡，不适用过境通行制度，外国船舶通行适用不能停止的无害通过制度。

国际海峡制度的核心在于其独特的通行制度，构成对沿岸国主权和管辖权行

---

① 《联合国海洋法公约》第二一一条第五款。

② 《联合国海洋法公约》第二一一条第六款。

③ 《联合国海洋法公约》第二二〇条。

④ 《联合国海洋法公约》第三十六条。

⑤ 不同观点参见 Donat Pharand and Leonard H. Legault. The Northwest Passage：Arctic Straits. Dordrecht：Martinus Nijhoff Publishers，1984. James Kraska. the Law of the Sea Convention and the Northwest Passage. The International Journal of Marine and Coastal Law，2007，22：257-281.

⑥ 《联合国海洋法公约》第三十七条、第三十八条、第四十五条。

使的限制，公约明确规定其通行制度不在其他方面影响构成国际海峡水域的法律地位，以及沿岸国相应主权或管辖权的行使[①]。

过境通行制度相比无害通过，其权利范围更大：①过境通行包含航行和飞越自由，而无害通过仅限于船舶航行；②过境通行制度下船舶和飞机可按照其通常方式通行，而无害通过要求潜艇和其他潜水器在海面上航行并展示旗帜；③国际海峡沿岸国不能停止过境通行，沿海国在领海内却可为保护沿海国国家安全的目的暂时停止外国船舶的无害通过。

沿岸国可以对外国船舶的过境通行制定有关下列事项的法律规章：航行安全和海上交通管理；执行有关排放油类、油污废物和其他有毒物质的国际规章；防止捕鱼；违反海关、财政、移民或卫生的法规。除应妥善公布外，此种法律和规章不得在形式上或事实上有所歧视，也不得有否定、妨碍或损害过境通行权的实际后果[②]。

3.2 冰封区域沿海国的特殊管辖权

《联合国海洋法公约》第二三四条“冰封区域”内容如下：

> 沿海国有权制定和执行非歧视性的法律和规章，以防止、减少和控制船只在专属经济区范围内冰封区域对海洋的污染，这种区域内的特别严寒气候和一年中大部分时候冰封的情形对航行造成障碍或特别危险，而且海洋环境污染可能对生态平衡造成重大的损害或无可挽救的扰乱。这种法律和规章应适当顾及航行和以现有最可靠的科学证据为基础对海洋环境的保护和保全。

该条款针对冰封区域特殊的航行危险和环境风险，赋予冰封区域沿海国在专属经济区范围内特殊的环境立法和执法权，其法律规章可以不受一般接受的国际规则和标准的限制。这是沿海国环境管辖权一般规则的例外条款，在适用时需要厘清此特殊授权的适用海域范围和管辖权限。

冰封区域条款适用的地域范围为“专属经济区内的冰封区域”。关于这一范围和界限存在争议，多数学者认为这一管辖权的地理范围应仅限于领海之外专属经济区的范围。这种观点符合条文文意的通常和善意理解，并与该条款一直被置于专属经济区海域中进行磋商的谈判历史相契合（Mcrae D M & Goundrey D J, 1982）。与之相应的，沿海国被赋予的权利高于其专属经济区内的管辖权，但不超过沿海国在其领海内的管辖权，亦即领海内的限制性规则对该条款也同样适

① 《联合国海洋法公约》第三十四条。

② 《联合国海洋法公约》第四十二条。

用。但加拿大学者法兰德援引当时谈判代表的发言，认为从立法者意图来看，这一条款的适用范围包含了领海和专属经济区范围（Pharand D，2007）。这种观点有明显的维护加拿大利益的色彩，理由过于牵强。对于哪些区域可以满足冰封区域的条件，条文的规定也有不清晰之处，在具体判断时存在自由裁量的空间。例如，气候特别严寒的认定应达到何种程度，海水被冰覆盖的时间长短和海冰情况是否有要求，《联合国海洋法公约》没有给出具体标准，需要综合考虑气象、水文状况、航行安全和环境风险加以评估。北冰洋海域不同海区的水文条件和海冰覆盖情况差异较大，现阶段全球变暖导致海冰不同程度的消融及漂流，北极水域冰封区域的认定不可一概而论，且要根据具体海域的实际状况更新和调整。

管辖权限度是冰封区域条款的核心。这一条款设定多项条件限定管辖权的行使，以达到北极沿海国管辖权和其他国家航行权之间的制约和平衡。结合条款本身的规定以及上下文其他规则看，《联合国海洋法公约》对冰封区域沿海国行使这一管辖权的要求包括：①防止、减少和控制船只对海洋的污染；②非歧视；③主权豁免；④以最可靠的科学证据为依据；⑤适当顾及航行。

1）防控污染的目的

从冰封区域条款规定看，沿海国单边立法和执法权的目的应该是防控船只对冰封区域海洋的污染，这种管辖权有明确的功能性特征，不是全面的管辖权。北极冰封区域的自然环境和生态系统的特殊性又使得航行危险与生态风险常常联系在一起，在界定适用区域的特征时该条款也将航行危险及海洋环境污染与水文气候条件联系在一起。尽管船舶在冰封区域航行的安全问题常与防控海洋污染相关联，仍不能不加区分地认可所有航行管控措施都满足该条款的立法目的，都属于对该条款的合理使用。在实践中，不宜过度扩张解释这一管辖权的目的，需要对主要目的不是防控污染的航行管控措施加以辨析，保证采取的管控措施对保护海洋环境目的的实现是“必要的”而不仅仅是“有用的”（Nordquist M H，Moore J N，Soons A H A，et al.，2012）。

2）非歧视

有关特殊管辖权的法律规章不得有歧视，非歧视原则在国际法上包括国民待遇和最惠国待遇两种，前者以沿海国船舶享有的待遇为标准，后者以其他外国船舶中最优惠的待遇为标准，在实践中会有较大的差距。对比《联合国海洋法公约》中其他“不得歧视”的规定看，英文文本通过“among”和“against”对非歧视的要求做了区分，但第二三四条冰封区域条款并未使用类似的介词。有学者认为“among”通常用于暂时停止无害通过的情形，而“against”往往与强调所有船舶的通行权有关，而第二三四条关于非歧视的表述倾向于是在环境保护规定中强调通常航行权，因此应当理解为在制定和执行环保法规时，对包括沿海国船舶及外国船舶的所有船舶均不得有所歧视（Brubaker R D，2005）。按照这种观点，此处的非歧视应当满足国民待遇要求，沿海国制定的环保法规不得在本国船舶和外国船舶之间有歧视性规定。

3）主权豁免①

第二三六条将军事船舶与为国家所拥有或经营且用于非商业目的的船舶或飞机排除于公约关于保护和保全海洋环境的规定中，也包括了冰封区域条款。因此冰封区域的管控法规对军舰、海军辅助船、为国家所有或经营并在当时只供政府非商业性服务之用的船只或飞机不适用，这些公务船舶或飞机的船旗国只要采取适当措施，确保其活动方式在合理可行的范围内符合海洋法公约即可。基于此，沿岸国依据冰封区域条款制定的高于国际标准的单边立法应当对外国军事、科研等公务船舶做出豁免和例外规定。

4）以最可靠的科学证据为基础

冰封区域的范围以及目的手段之间的关系均需要依赖科学依据加以确定，沿海国对冰封区域的航行管控应当建立在对北极海域环境有较好的认识基础上，通过科学依据论证和支持其管控措施是保护海洋环境所需要的，且这种科学知识应当是国际认可的标准而非沿海国主观的科学标准。科学证据要求的实际功能在于为沿海国实施特定管辖权设定了说明其科学合理性和正当性的义务，尽管在制定管控法规时冰封区域沿海国无须国际组织的批准或认可，但科学证据的要求却在一定程度上将沿海国的单方措施置于国际（尽管是科学平台）监督之下。特别是对比同样提到最可靠科学证据要求的第六十一条生物资源养护的相关规定，“参照其可得到的最可靠的科学证据”，该标准的特殊性就体现出来了，第六十一条中要求沿海国持有可靠证据即可，而此处的要求更高，不能以沿海国主观认可为标准，而要达到一般为国际认可的最可靠证据（Bartenstein K，2011）。

5）适当顾及航行

冰封区域中并无特殊航行制度，如果冰封区域条款的适用范围仅限于专属经济区，则外国船舶享有相应的航行和飞越自由，沿海国的特殊管辖权要适当照顾到航行自由；如果其适用范围不仅包括专属经济区还包括领海，则意味着“适当顾及”包含了对领海和专属经济区两种不同航行权的保障。至于顾及到何种程度，对比领海中“不应阻碍外国船只的无害通过”的要求，以及国际航行海峡中不应“阻碍、妨碍或损害过境通行权”的明确要求，此处并未给出实际可参考的标准。这是该条款中最模糊的要求，且不论冰封区域内的航行制度为何，相比领海制度中对无害通过权的保障以及用于国际航行的海峡制度中对过境通行权的保障规定，此处的规定略显单薄，缺乏硬性的标准和要求。考虑到条款磋商时美国和加拿大在用于国际航行的海峡通行权问题及沿海国管辖权问题上的不同利益需求，这里的模糊规定回避了用于国际航行的海峡和冰封区域二者的关系问题，也避免了严格的航行保障规定过度限制和削弱沿海国的实际管辖权。

---

① 《联合国海洋法公约》第二三六条。

因为西北航道的性质之争，冰封区域条款常与国际航行海峡的通过制度相联系，如果西北航道或俄罗斯某些北极海域内的海峡被认为是国际航行海峡，冰封区域条款的管辖权还能否适用？第二三四条冰封区域条款本身并未澄清二者之间的关系，但作为保障办法一节中的第二三三条“对于国际航行的海峡的保障”明确规定第五、第六和第七节的任何规定不影响用于国际航行的海峡的法律制度，而这种对其特殊航行制度的保障规定并未将作为第八节的冰封区域条款列入在内。这或许意味着第二三四条不受国际航行海峡制度的限制①，或者更准确地说“第二三四条没有为国际海峡制度提供保障，因此存在沿海国制定的规则在某些情形下阻碍过境通行的风险，因为这些规则并不需要符合国际标准”（Jia B B，1998）。

3.3 加拿大内水主张与西北航道争议

加拿大主张北极群岛水域是其历史性内水，通行群岛水域应当获得加拿大的事前批准，然而美国反对群岛水域内水化，认为西北航道属于用于国际航行的海峡，各国船舶享有过境通行权。

加拿大基于历史基础主张对北极水域的主权，根据国际习惯法，主张历史性水域需满足正式的主张、长期有效行使管辖权、其他国家默认以及至关重要的利益等构成要件（王泽林，2014）。加拿大从英国继承了北极群岛的主权后，对其北极群岛及相关水域实施了一定的管辖。例如，1906 年加拿大修订渔业法将哈德逊湾列为历史性水域，要求在此捕鲸须获得事前许可；1922 年组建了北极东部巡逻队，时常延伸至北极水域西侧；在 1957 年开始的远程早期预警系统建设期间，加拿大对通行北极水域的美国船舶实施了一定程度的控制。然而据史料考证表明，英国早期探险活动以及加拿大 20 世纪初的远征活动中，正式的占领行为限于陆地和岛屿，并不包含北极水域（Pharand D，2007）。

加拿大主张北极水域主权的第一项立法措施是 1970 年修订的《领海与渔区法案》②，将领海宽度从 3 海里扩展到 12 海里，其影响是将巴罗海峡、威尔士王子海峡等纳入领海范围，海峡内的公海航行通道消失。尽管加拿大已于 1967 年

---

① 法兰德教授的解读存在模棱两可，有时表述为第二三四条的适用没有排除于国际海峡之外，有时表述为国际海峡不适用于冰封区域，而这两种表述的意义并不相同。前者表示第二三四条管辖权同样适用于国际海峡制度，沿海国管辖权与其他国家的过境通行权都被认可，可以依据“适当顾及”的要求来协调二者的冲突。后者否认了国际海峡制度特别是其特殊的通行制度在冰封区域的适用，将冰封区域条款与国际海峡制度隔离开来。本书不支持第二种观点，冰封区域条款仅仅提供了冰封区域条件下的特殊环境管辖权，这一特定领域的授权在没有公约明确规定的情况下难以认定为完全独立于系统的国际海峡制度。观点参见 Donat Pharand. The Arctic waters and the Northwest Passage：A final revisit. Ocean Development & International Law，2007，38：47-48.

② Territorial Sea and Fishing Zones Act，1964.

通过法令在东海岸拉布拉多和纽芬兰区域建立了直线领海基线，1969 年在新斯科舍、西海岸温哥华岛以及夏洛特皇后群岛周围建立了直线领海基线①，但北极群岛水域直到 1985 年才划定直线基线，因此 1970 年至 1985 年巴罗海峡以及威尔士王子海峡仍然属于领海海峡，适用无害通过制度。

加拿大首次对北极群岛水域的内水主张体现在 1973 年法律事务部针对历史性海湾和水域的信件中："基于历史依据，加拿大主张北极群岛水域为加拿大的内水，尽管并未在条约或其他立法中声明。" 1975 年也出现过类似言论（Pharand D，2007）。但最为正式、公开、明确的内水主张是通过 1985 年 9 月 10 日颁布的法令，在北极群岛外围建立了直线基线，宣示加拿大将北极群岛作为其历史性内水。加拿大在北极群岛划定的领海基线参见图 3-1。

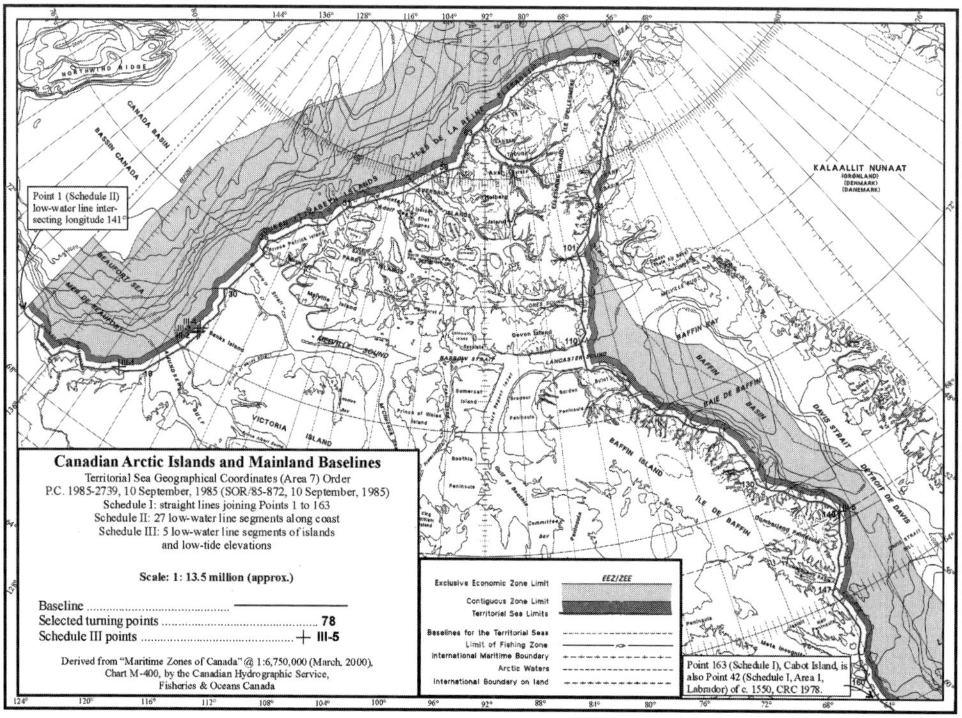

图 3-1　加拿大北极群岛的直线基线②

北极群岛水域是否属于加拿大的内水对西北航道的航行权制度有深刻影响，因为北极航道须穿越加拿大北极群岛水域多个海峡，如果北极群岛水域被划定为

① 《海上主张参考手册》（Maritime Claims Reference Manual）汇编了大多数沿海国有关海洋区域划定的法规，包含了详细的经纬度。电子版获取地址 http：//www.dtic.mil/whs/directives/corres/20051m_062305，加拿大法规汇编来源 http：//www.dtic.mil/whs/directives/corres/20051m_062305/canada.doc.

② Association of Canada Lands Surveyors，https：//www.acls-aatc.ca/files/english/books/6.10.jpg.

内水，同时不属于直线基线使原来并未认为是内水的区域被包围在内而成为内水这一情况，外国船舶通航就须经过事前许可，即使位于北极群岛水域内的众多海峡属于用于国际航行的海峡，也无法适用过境通行制度，这将使希望利用西北航道过境通行的愿景破灭。鉴于对加拿大水域内水化主张存在疑点，因此，美国和欧洲共同体成员国先后发出对该直线基线及历史性内水主张的抗议。

针对加拿大建立直线基点的法令，美国提出"测算海岸一般方向的海岸线不能超过60海里，且直线基线长度不能超过24海里"的要求，但这种观点尚未得到沿海国实践的广泛支持（刘惠荣，董跃，2012）。与之相对的，加拿大主张公约和习惯法并未对直线基线的长度提出要求，加拿大划定的基线内海域与陆地的面积比小于挪威群岛中的海陆面积比，加之当地居民因纽特人长期控制该领域因而享有诸多经济利益，其北极群岛基线符合国际法。除竭力论证直线基线满足国际法规定的要求外，加拿大学者还强调加拿大对北极群岛水域实施管辖、强化和巩固主权的措施，以论证北极群岛水域的内水主张（Pharand D，1988）。

与北极群岛水域内水化争议密切相关的是西北航道的法律性质问题，美国主张西北航道属于国际海峡，各国船舶享有过境通行权。针对20世纪70年代起加拿大强化北极群岛水域管辖权的主张和举措，美国抗议加拿大对北极群岛水域的内水化主张，不承认加拿大基于环境保护的理由对部分北极公海海域的管辖权。冷战时期，为了防备苏联攻击，加拿大与美国签署了一系列安全协议，建立远程早期预警线和北美防空司令部，美国派遣的军事人员在北极群岛地区大量存在，西北航道一直是美国核潜艇巡航的重要通道（郭培清，2009）。1969年美国亨堡石油公司派遣"曼哈顿"号油轮进行穿越西北航道的试航；1985年美国海岸警卫队派遣"极地海"号重型破冰船横穿西北航道。虽然美国方面与加拿大方面提前做了沟通，然而美方明确宣称并不承认加拿大对北极群岛水域的内水要求，邀请加拿大方面参与通行并非寻求加拿大政府的许可和批准。

围绕美国和加拿大对于西北航道法律地位的不同立场，国际法学界针对判定西北航道是否作为国际海峡适用过境通行制度形成了对立的观点。一种观点认为，根据习惯国际法，国际海峡应当符合地理和功能两个标准，其中功能标准要求有一定程度国际航行的使用，只有那些对国际海上贸易具有特别重要影响的海峡才能取得国际海峡的特殊地位，而且在评估海峡对国际贸易重要性时起决定性作用的是航道的实际使用情况，而非潜在使用。由于西北航道没有形成用作国际航运线路的历史，因而不满足构成国际海峡的功能标准（Pharand D，1984，2007）。另一种观点认为，用于国际航行海峡的专门航行制度并没有将实际利用作为必要条件，未来具有国际通航利用的潜力就可以成为国际海峡。基于此，美国主张西北航道是用于国际通行的海峡，适用过境通行制度。更为极端的观点主张用于国际航行的海峡只需要满足连接公海或专属经济区的一部分和公海或专属经济区的另一部分（《联合国海洋法公约》第三十七条）这一地理要求即可，不需要达到一定通行量的功能标准规则（Kraska J，2007）。这很大程度上代表了美国海军部的立场。

为了和平处理两国在西北航道问题上的分歧，1988 年双方签订了《北极合作协议》，以暂时缓和激烈的通行矛盾。但协议明确声明相关国家实践不影响美国和加拿大两国的相关立场，从各自国家利益出发双方很难妥协自己的立场，而且这一双边协议并未体现其他国家的立场。因此目前看西北航道的法律性质争议依然悬而未决，虽然受西北航道通行恶劣条件的制约，当前加拿大对其北极海域的管辖并未受到实质性挑战，但随着未来航行活动的增加，船旗国享有何种航行权，沿海国享有何种管辖权，将成为航道利用国与航道沿岸国之间必须面对的议题。在搁置航道争议的情况下，加拿大依据《联合国海洋法公约》第二三四条冰封区域条款的特殊授权继续强化对其管辖海域的管辖，强制性要求过境船舶向交通管理部门提供全面的航行报告。

西北航道的法律地位争议在国际法上尚未有定论，内水和国际海峡的论点都存在弱点，面对此种僵局以及北极气候变化、北极水域通航量逐渐增长的形势，很多学者重新评估西北航道争议的前景，并提出相应的解决建议和方案。有学者建议西北航道可以借鉴成功运用于马六甲海峡的多边模式，加拿大完全可以从中实现其环境权益和适宜的管辖权，同时也有助于加拿大获得更大的国际支持（Kraska J，2007）。类似观点认为解决西北航道争议困境的出路是借鉴“马六甲海峡模式”多边合作机制的经验，采取综合管理方法保护脆弱的海洋资源（韩逸畴，2011）。有学者提出可以将西北航道的一条航线确定为用于国际航行的人工水道，通过美加双边条约的形式建立类似巴拿马运河或苏伊士运河的制度，对航道法律性质、过境通行权等作出针对西北航道具体情况的安排（Jia B B，2013）。还有观点认为为了充分顾及包括国际社会利益在内的多方利益且有利于北极水域环境保护，国际社会可以参考斯匹次卑尔根群岛模式解决西北航道争议（刘惠荣，刘秀，2009）。

3.4　北方海航道水域及通航制度法律争议

穿越东北航线会经过挪威大陆和斯瓦尔巴北部海岸，进而经过俄罗斯沿岸边缘海及海峡，但有关法律争议主要体现在俄罗斯沿海的北方海航段上。俄罗斯并没有将主权要求扩展到整个北方海航道的范围，但长期以来对北方海航道中的重要海峡有主权要求，并且事实上对外国船舶通航北方海航道实施了内水化管控。

俄罗斯（含苏联时期）主张北方海航道中的部分海峡为其历史性内水水域，外国船舶进出这些领域须经过管理当局许可批准，并遵守俄方国内法的管制。1926 年苏联发布一项名为《宣布北冰洋北部的陆地和岛屿为苏联领土》的法令，在确定领土范围时法令使用了扇形规则，尽管有些俄罗斯学者将扇形领土主张扩张解释为包含冰区以及海域，但从法令规定上看领土范围并未纳入海域，且俄罗斯政府也没有对扇形理论阐释过官方立场①。1957 年苏联通过立法正式宣布大彼得湾为其历史性海湾，1960 年《国家边界保护法》第四条定义了历史性水域为历史上归属于苏联的海湾、入海口、河口、海洋及海峡的水域，属于苏联内水的一部分。尽管没有具体列举历史性水域的名字，但却为后续主张其他历史性水域奠定了基础。1962 年起美国海军和海岸警卫队派遣船只进入苏联北极附近海域进行科学调查，遭到苏联的强烈抗议，引发了美苏关于东北航道水域和通航制度的法律争议。1964 年 7 月 21 日，苏联向美国提交备忘录，宣称依据历史性权利，拉普捷夫海峡和桑尼科夫海峡是苏联内水，这些海峡禁止无害通过。根据苏联政府《国家边界保护法》和关于来访外国军事舰只途经苏联内水和领海规定的相关法律，通过苏联领海和内水的外国军事船只需得到苏联政府的事前许可才能通行（北极问题研究编写组，2011）。受 1965 年美国海岸警卫队破冰船“北风”号调查事件和维利基茨基海峡通行事件的激化，苏联迅速制定通过了一系列法规，加强对北极水域航行活动的管制。1965 年苏联颁布在北极海峡航行的规则，要求在维利基茨基海峡、绍卡利斯基海峡、拉普捷夫海峡、桑尼科夫海峡 4 个海峡航行必须接受强制性领航和破冰服务。1971 年苏联通过法令成立北方海航道管理局，通过北方海航道的船只须按照规定将航行信息报告给管理局，管理局官员有权登船检查，同时根据需要提供破冰船领航等服务（北极问题研究编写组，2011）。

1982 年《联合国海洋法公约》制定以后，苏联建立起领海基线，全面确定管辖海域的性质和范围，强化了对北极海峡的主权要求。1984 年 4604 法令公布了太平洋大陆海岸及岛屿、日本海、鄂霍次克海和白令海的直线基线，1985 年 4450 法令确定了北冰洋、波罗的海和黑海领海基点的地理坐标，北极沿岸一系列海峡被纳入内水水域中，其中包括维利基茨基海峡、绍卡利斯基海峡、拉普捷夫海峡、桑尼科夫海峡等。4450 法令在确定领海基点的同时还明确列举了北极地区历史性水域的名单：白海，巴伦支海的车什卡内亚湾，喀拉海的拜达拉茨湾。

苏联解体以后，俄罗斯依照生效后的海洋法公约的规定，于 1998 年通过两个法案明确了俄罗斯内水、领海及毗连区、专属经济区的法律地位和宽度，以及俄罗斯和其他国家在这些水域中的权利义务②。在新的领海基点公布之前俄罗斯仍延续使用苏联 20 世纪 80 年代建立的直线基线。美国不承认苏联基于历史性权利主张的内水海峡，针对苏联通过的北极水域几处重要海峡入口处的直线基线提

---

① 有关前苏联对北极海域的主张和实践参考 Timtchenko L. The legal status of the Northern Sea Route [J]. Polar Record, 1994, 30 (174): 193-200.

② 俄罗斯海洋法规汇总见联合国网站 http://www.un.org/Depts/los/LEGISLATIONANDTREATIES/STATEFILES/RUS.htm.

出抗议，苏联与美国多次通过外交渠道就北方海航道问题进行双边磋商，美国认为北部海峡应当适用国际海峡航行制度，外国船只享有过境通行权或无害通过权，而苏联坚持4大海峡为其内水，不断强化对北方海航道海峡的管理和控制。苏联在给美国提交的外交备忘录中就曾强调，北方海航道毗邻苏联北极沿海，不是国际航道，而是一条重要的苏联国内交通运输通道。1990年北方海航道的管理法规定义中也重申了北方海航道作为苏联国家交通干线的独特地位，新修订的法律法规依然延续着国家交通干线这一立场。因此，尽管苏联并未主张对喀拉海、拉普捷夫海、东西伯利亚海和楚科奇海这些边缘海的主权，其内水主张仅限于个别历史性海湾以及北极沿线海峡，然而俄罗斯通过国内法划定了北方海航道水域的海域范围，延续和强化始于苏联时期对北方海航道水域的航行管制，事实上建立了对北方海航道的内水化控制。

俄罗斯管控北方海航道的主要法规依据是1990年《北方海航道海路航行规则》①，其中的第1.2条规定，北方海航道，位于苏联北方沿岸内水、领海（领水）或专属经济区内的苏联国家交通干线，包括适宜冰区领航的航道。西起新地岛诸海峡的西部入口和北部热拉尼亚角向北的经线，东至白令海峡北纬66度与西经168度58分37秒交汇处。定义中没有界定航道范围的北部界限，尽管提到位于内水、领海或专属经济区内，然而又并列上了包括适宜冰区领航的航道规定，使得航道北部海域范围存在不确定性。俄罗斯规则的管辖范围有可能突破200海里专属经济区，扩展适用于部分公海，西部范围中是否包括巴伦支海东南冰封水域也不清晰（Franckx E，2008）。2013年新修订的俄罗斯联邦《商业航运法》（Merchant Marine Code of the Russian Federation）增加了第5.1条款，专门对北方海航道水域的航行做了法律制度层面的规定，包括管辖范围、航行规则的目的和内容、管理机构及其职责、航行许可制度等，位于总论国家对商业航运的控制和监管规定部分，具有明显的公法色彩。根据新《商业航运法》的定义，俄罗斯主张管辖的北方海航道的范围得到澄清。"北方海航道的水域是指毗邻俄罗斯联邦北部海岸的水域，由其内水、领海、毗连区和专属经济区组成，东起与美国的海上划界线及其到杰日尼奥夫角的纬线，西至热拉尼亚角的经线，新地岛东海岸线和马托奇金海峡、喀拉海峡和尤戈尔海峡西部边线"②。这里明确界定航道水域范围由俄罗斯内水、领海、毗连区和专属经济区组成，明确排除了北方海航道航行制度对公海的适用，东西北部界限都得到了明晰。

美国指责苏联领海基线划定不符合传统标准，然而鉴于俄罗斯的国家实践并未受到除美国外其他国家的强烈反对，其他国家的基线存在类似情形却未受到抗

---

① Regulations for navigation on the seaways of the Northern Sea Route 1990，本节规则和法案的英文版来源于Northern Sea Route Information Office，http：//www. arctic-lio. com/.

② The Merchant Marine Code of the Russian Federation，Clause 5. 1 Navigation in the water area of the Northern Sea Route.

议，尚不能说俄罗斯的基线违反了国际法（Brubaker R D，1999）[①]。在过度主张直线基线的国家实践十分普遍，反对和抗议微不足道时，各国实践的结果可能会形成对现行规则的实质性扩张解释，最终导致过度主张直线基线成为合法（王泽林，2014）。退一步讲，由于北方海航道并不仅指唯一的航道，而是包含 4 条线路：1 条传统的沿岸航道；1 条中间航道；1 条高纬航道以及 1 条近极点航道（Brubaker R D，2005），未来冰情状况改善的情况下绕开南部航线及内水海峡而走中间航道也存在可能。

抛开领海基线划定的相关争议，俄罗斯对北方海航道的国内法管制也存在合法性问题。俄罗斯一方面承认北方海航道水域包含内水、领海、专属经济区等不同性质的海域范围，按照海洋法的规定，不同管辖海域应当适用不同的航行权制度；另一方面，俄罗斯不加区别地将内水化管控措施实施于其划定的北方海航道水域，突破了海洋法上的海上航行制度。这种内水化的管辖无论是基于历史性因素还是冰封区域的环境保护需要，在国际法上都是缺乏充分的法理依据的。

① R. Douglas Brubaker. The Legal Status of the Russian Baselines in the Arctic. Ocean Development & International Law，1999，30（3）：191-233.

第 4 章　北极航运的国际海事规则及其发展

国际海事组织（International Maritime Organization，简称 IMO）是联合国中负责制定有关航行安全和防止船舶污染国际规则的专门组织，是各国协商制定国际航行规则的最主要平台，在国际航行法律体系中居于主导地位。国际海事组织制定了多部关于国际航行安全与防止船舶污染的国际公约，为全球海域内的国际航行提供了最低限度的国际标准，对北冰洋同样适用。

北极地区特殊的气候条件、冰覆盖状况对航行造成特别的障碍和危险，对航行安全提出了更高的要求，适用于一般海域航行的规则和标准不足以保证船舶在北极海域的正常航行，保护北极海域脆弱的环境免受船源污染①。1989 年发生在阿拉斯加海域的“埃克森瓦尔迪兹”号油轮事故促使国际社会开始关注北极海域的环境保护，为了防范北极海冰覆盖的特殊水文气象条件带来的航行安全和环境风险，IMO 陆续出台了许多关于冰区船舶航行的建议性准则、指南等文件，以期保障船舶在北极冰区的海事安全。本节梳理有关北极航运的国际海事规则，并专门剖析新近生效的具有法律拘束力的极地航行规则及其对北极航线利用带来的影响。

4.1　适用于北极水域的一般性国际海事规则

海上航行活动受到多方面国际海事规则的规制，主要包括船舶航行安全、防止船舶造成海洋污染、船员培训和能力及商业航运民事责任等方面。北极水域航行的规制依然建立在此法律框架基础上，通过出台专门性的文件补充一般性规定。这一部分重点介绍《极地水域船舶操作国际规则》（International Code for Ships Operating in Polar Waters，以下简称《极地规则》）生效前国际海事组织的北极航行规范。

4.1.1　海上航行安全领域

《国际海上人命安全公约》（简称《SOLAS》）是有关海上航行安全最重要

① 许多学者指出北极环境保护机制的不足，需要一个保护北极环境的多边法律框架。参见 Donald Rothwell. International Law and the Protection of the Arctic Environment. International and Comparative Law Quarterly，1995，44：280-312.

的公约，1974 年制定，1980 年生效，先后通过了多个修正案。北极八国均批准了《国际海上人命安全公约》及其框架公约下的规则和办法。《SOLAS》对船舶操作、设计、配备做出了最低标准的规定，该公约规定涵盖船舶检验、船舶证书、船舶构造、消防和救生设备、航行安全、无线电设备、货物运输和危险货物运输等内容。根据公约规定：船旗国只有确保申请注册的船舶满足了《SOLAS》的规定才可签发证书；港口国也可基于《SOLAS》的规定对自愿靠港的船舶进行检查；规定缔约国政府采取措施确保气象服务、冰区巡逻服务、船舶定向和搜救服务的提供；危险货物、液化天然气的运输应当遵循特殊的规定。在公约框架下，国际海事组织第十八届大会通过《国际船舶安全营运和防止污染管理规则》（简称《ISM 规则》），对船舶防污的安全管理和操作确定了国际标准，要求船舶公司建立船基和岸基的安全与环境保护系统。该系统应符合强制性规则、行业标准的要求，并受制于船旗国和港口国海事行政主管部门有关发证和确认的规定。《ISM 规则》适用于北极航道，尽管该规则的条款并非专门针对北极航行中会遇到的特殊情况。但是，随着北极地区航运活动的增加，对在冰面航行的安全管理规则应予以重视。有关航行安全的规则对北极航运有重要影响，《SOLAS》第五章中仅有几处略微提及冰区航行的问题，如水文信息和危险提醒中包括冰情数据，冰季通行冰川地区的船只应当由冰区巡逻队护航，船长应当将遇到危险冰情的航行危险信息进行通报①。国际海事公约主要依赖船旗国采取措施保障悬挂其船旗的船舶，船旗国在国际海事公约的履约过程中居主导地位。

此外，《SOLAS》也规定了一些沿海国对其管辖水域可采取的提升安全的措施，例如有关建立船舶报告系统的相关规定。《SOLAS》第五章第十一条规定，船舶报告系统有助于保障海上人命安全、航行安全和效率及海洋环境保护，一旦船舶报告系统根据国际海事组织制定的相关指南和标准②被采纳并实施，适用范围涵盖的船舶应当遵守该系统的规则。缔约国政府应将采用船舶报告系统的建议提交国际海事组织，国际海事组织将相关材料分发给缔约国政府。根据本规定采取船舶报告制度后，应按照国际海事组织的相关指南和标准运行，有关政府必须采取一切必要措施公布有效使用该系统所需的信息，具有交互沟通的能力和必要时提供信息协助船舶的能力。IMO 已经通过了在许多海域建立的强制性船舶报告系统，例如英国管辖海域内的多佛海峡等。

在北冰洋海域，海上安全委员会在 2012 年 11 月第 91 届会议上通过了在巴伦支海地区建立强制性船舶报告制度，这一提议由挪威和俄罗斯联合提出，已于 2013 年 6 月 1 日生效。该制度要求从巴伦支海地区的港口和锚地进入及通行该区域的船舶，须向指定的挪威瓦尔德船舶交通服务中心或摩尔曼斯克中心进行报

---

① SOLAS Chapter V safety of navigation, regulation 5, 6, 31, 32.

② 相关指南和标准包括：海上安全委员会 MSC. 43（64）决议，经 MSC. 111（73）决议修订，以及 IMO 大会 A. 851（20）号关于船舶报告系统和船舶报告要求的一般原则。

告。该报告制度适用于以下船舶：所有总吨位为5000吨位及以上的船舶；所有油轮；所有运载危险品的船只；拖曳长度超过200米的船只；以及任何不受操控、操纵能力受限或航行辅助设备有缺陷的船舶。

《1972年国际海上避碰规则》（简称《避碰规则》）涉及了船舶在公海以及其他可航水域，包括海湾、海峡、领海和专属经济区内航行中有关船舶驾驶技术等问题。《避碰规则》适用于船舶在北极航道航行的情形，其中无专门针对船舶在冰封海域航行的规定。《避碰规则》包括了船舶因其尺寸、设计或其他原因，如遇到冰面应如何操作的内容。

《1979年国际海上搜寻救助公约》（简称《SAR公约》）涉及救助协作中心的建立、船舶定位报告系统以及救助设施迅速进入他国领海的规定。批准或加入《SAR公约》的北极国家应在各自管辖范围内，在发生该公约所调整的事故时进行合作。国际海事组织已在全球建立了13处主要的搜救区域，区域附近的沿海国被指定为搜寻和救助地区。

有效的早期预警系统的建立对提升船舶操作安全、减少环境损害发挥着重要作用。国际海事组织采用了全球海上遇险和安全系统（GMDSS），目前所有超过300吨位的船只和客船都必须配备该系统下的通信和警报系统。20世纪70年代，国际海事组织协同国际海道测量组织（International Hydrographic Organization）建立了世界航行预警系统（World-Wide Navigational Warning System），将全球海洋划分为16个航行预警区（NAVAREAs），每个区域指定一个国家负责发布航行信息，不久之后又建立了气象服务区（METAREAs），与航行预警区的范围保持一致。随着北极水域通航条件逐渐提升，国际海事组织意识到有必要将这一预警服务扩展至北极水域。在国际海事组织、国际海道测量组织和世界气象组织协作下，2008年国际海事组织无线电通信搜救分委会（COMSAR）同意在北极地区运行一个通用海洋安全广播系统，在北极海域建立了5个航行预警区/气象服务区的测试，由加拿大、挪威和俄罗斯担任航行协调和服务提供国，2011年已经达到全面运行状态①。

4.1.2 海洋环境保护领域

《1973年防止船舶污染国际公约》及其《经1978年议定书修订的〈1973年国际防止船舶造成污染公约〉》（简称《MARPOL 73/78》）为防止船舶污染建立了国际标准。《MARPOL73/78》的6个附件分别规定了防止和控制船舶溢油（Ⅰ）、有毒液态物质（Ⅱ）、包装的有害物质（Ⅲ）、阴沟淤泥（Ⅳ）、垃圾

① Expansion of World-Wide Navigational Warning System into Arctic waters marked by IMO, WMO and IHO chiefs, http://www.imo.org/en/MediaCentre/PressBriefings/Pages/11-arctic.aspx#.WRwUKBhY7q0, access on 17 May, 2017.

（Ⅴ）和气体排放（Ⅵ）。《MARPOL73/78》并未包含所有预防船舶排放废物污染海洋环境的情形。附件Ⅰ可以在预防含油压载水和舱底水排放污染北极海洋环境的方面适用；附件Ⅳ制定的阴沟淤泥管理规则适用于400总吨及以上船舶，或者载运超过15人的船只；附件Ⅴ在禁止船舶将塑料制品废弃入海的同时，允许船舶将一些正常操作中产生的垃圾倾倒入海，这也取决于船舶到岸的距离；附件Ⅵ允许缔约国宣布特殊硫化物排放控制区域，船舶燃油所含硫化物应低于特定指标。

如果附件Ⅰ、附件Ⅱ和附件Ⅴ不足以保护海洋环境中的敏感区域，国际海事组织可以基于海洋学、生态学和航运状况来指定特殊区域。除特殊区域外，国际海事组织也可通过指定特别敏感区（PSSAs）来保护特殊海域。国际海事组织制定了《特别敏感区鉴定及指定导则》，要求需满足三方面条件来指定特别敏感区，包括：①该区域必须具备导则中所规定的特征；②国际航运会带来海域环境某种程度的脆弱；③可运用国际海事组织指定的方法来解决特定的敏感问题。如果不指定特别敏感区，也可通过《SOLAS》选择适当的保护措施。值得注意的是，南极地区已经被指定为附件Ⅰ、附件Ⅱ和附件Ⅴ中的特殊区域，在南极地区排放油或油类混合物、有毒液体物质或含有此类物质的混合物、塑料及其他垃圾的行为被禁止，2011年起又禁止在南极地区使用和运输重油。然而，类似零排放的高标准尚未在北极海域建立。

为了有效控制和降低船舶有害防污底系统对海洋环境的影响，国际海事组织于2001年10月正式通过《控制船舶有害防污底系统国际公约》（简称《AFS公约》），禁止国际航行船舶施涂、重涂、安装或使用有害防污底系统，并于2008年9月17日生效。中国已经批准加入该公约。根据公约要求，自公约2011年6月7日对中国生效起，任何中国籍国际航行船舶不得在船壳上或外部构件或表面上涂有有机锡化合物的防污漆；对于已涂有有机锡化合物的防污漆，可以用一个封闭涂层覆盖不符合防污底要求的防污底系统，以防止有机锡化合物的渗出。从事国际航行的400总吨及以上的中国籍船舶须持有《国际防污底系统证书》；从事国际航行的船长为24米及以上但总吨位小于400总吨的中国籍船舶，须持有一份船东或船东代理签署的《防污底系统声明》，该声明须附有适当的凭证（如油漆收据或合同发票）或适当的签字①。

在国际船舶运输过程中，加装压载水对保证空载时船舶的平衡稳定性非常重要，然而压载水中会携带包括细菌等微生物在内的各种水生物，导致全球海域内的海洋生物入侵，成为海洋的四大危害之一。2004年国际海事组织制定了《国际船舶压载水和沉积物控制和管理公约》，随着芬兰加入公约，公约达到了生效

---

① 中华人民共和国海事局文件 海船舶〔2011〕277号，http://www.zjgmsa.gov.cn/art/2011/6/28/art_11730_509954.html.

要求，该公约于2017年9月8日正式生效。公约旨在减少或最大限度地避免有害水生外来物种随船舶压载水引入到非原生地的海洋生态系统中，其内容主要涉及控制和管理船舶压载水及沉积物可采取的技术标准。

4.1.3 船员配备与培训

国际海事组织制定了《1978年海员培训、发证和值班标准国际公约》（简称《STCW公约》），首次在国际层面为船员培训、发证和值班制定了基本标准，而此前均由各国自行制定，标准差异大。公约为有关船员培训、发证和值班制定了最低标准，各缔约国有义务制定和执行不低于公约要求的规则。该公约主要用于控制船员职业技术素质和值班行为，公约的实施对促进各缔约国海员素质的提高，在全球范围内保障海上人命、财产安全和保护海洋环境，有效地控制人为因素对海难事故的影响起到积极的作用。公约于1984年生效，并在2005年和2010年先后通过两次大的修订，8个北极国家以及中国均是缔约国。在1995年的修订中，增设了配合公约和附则技术性要求的更为具体的《海员培训、发证和值班规则》（Seafares' Training，Certification and Watch Keeping Code，简称《STCW规则》），还要求缔约国向IMO报告为了保证遵守而采取的管理措施。北极恶劣的气候条件给在此工作的海员提出了严峻挑战。2010年6月25日，《〈STCW公约〉马尼拉修正案过渡规定实施办法》通过，2012年1月1日生效，目的是使《STCW公约》和《STCW规则》能够满足现实发展的需要，针对新出现以及未来一段时间将出现的新问题制定了新要求。例如，规定了预防吸毒和酗酒的新要求，更新了海员营养健康标准，提出了与电子海图和信息系统等现代技术培训有关的新要求，有关海洋环境保护意识的培训要求以及领导和团队合作的要求，保证海员在面对海盗攻击时能够有效应对等各方面的安全培训要求，引入现代培训方法等①。此外，修正案专门针对在海冰覆盖水域工作的船员进行培训指导，强调了极地水域航行人员具备足够经验的重要性；提出了确保极地水域作业的船长和船员能力的措施，建议各国政府采取措施，确保在极地水域作业的人员有适当的训练和经验。

此外，自1920年开始，国际劳工组织就制定了超过70个国际公约和建议来解决海上劳动条件标准和生活标准问题，涉及休息和工作的时间、住宿、职业安全和健康、工资、食物和医疗服务等方面。国际劳工组织在综合和修订这些早期建议的基础上制定了《2006年海事劳工公约》②，2013年8月20日生效，截至

---

① International Convention on Standards of Training，Certification and Watchkeeping for Seafarers（STCW），http：//www.imo.org/en/About/Conventions/ListOfConventions/Pages/International-Convention-on-Standards-of-Training，-Certification-and-Watchkeeping-for-Seafarers-（STCW）.aspx.

② Maritime Labor Convention，2006.

2015 年 3 月，已有占世界船舶总吨位超过 80%、共 66 个国家批准加入①。公约的两个基本目标是保证世界范围内对海员权利的全面保护，致力于为海员提供体面工作和生活条件的国家和船东建立一个公平的竞争环境，保护船员免受不公正的竞争。

4.1.4 商航民事责任领域

目前，国际海事组织有关船舶油污损害赔偿的国际公约有《1992 年国际油污损害民事责任公约议定书》及其 2000 年修正案、《1992 年设立国际油污损害赔偿基金国际公约》及其 2000 年修正案和 2003 年议定书、《2001 年船舶燃油污染损害民事责任公约》以及尚未生效的《1996 年国际海上运输有毒有害物质损害责任和赔偿公约》以及 2010 年议定书。

除美国以外其他 7 个北极国家都加入了《1992 年国际油污损害民事责任公约》和《1992 年设立国际油污损害赔偿基金国际公约》，俄罗斯还加入了基金公约 2000 年修正案，加拿大和北欧五国则加入了基金公约 2003 年议定书。这些公约构成了船舶所有人民事赔偿责任的有效机制，对受害方提供双重甚至三重的保护机制。相比之下，因我国未加入《基金公约》，受损方不能得到更为充分的补偿，而船东要独自承担民事赔偿责任，这无论是对我国受害方还是船方都极为不利。在散装油类货物污染的损害赔偿方面，我国仅加入《1992 年国际油污损害民事责任公约》和《1992 年设立国际油污损害赔偿基金国际公约》，但后者仅在中国香港地区适用。

在燃油污染责任方面，北极八国中除了美国适用其国内法《责任限制法》之外，其他国家都适用《1976 年海事赔偿责任限制公约》1996 年议定书所规定的责任限额，该限额远远高于我国海商法规定的额度。而且，根据《1976 年海事赔偿责任限制公约》1996 年议定书的要求，船东应投保强制责任保险或者提供相应的财务担保，否则，船舶不允许进入环北极国港口。这会加重我国船舶所有人的经济负担。

在与海上旅客运输有关的人身伤亡和行李损害赔偿方面，俄罗斯与我国都加入了《1974 年海上旅客及其行李运输雅典公约》。加拿大虽然未加入相关国际公约或其议定书，但通过其国内法《海事责任法》使得《1974 年雅典公约》及其 1990 年议定书在国内生效。美国有关海上邮轮旅游人身伤亡的准据法是《美国联邦海事法》。北欧五国中，除挪威加入《1974 年海上旅客及其行李运输雅典公约》及 2002 年议定书外，瑞典、芬兰、丹麦和冰岛都统一适用欧盟有关海上旅客人身伤亡和财产损害的法律，即《欧洲议会和欧盟理事会关于海上事故发生时承运人责任 2009 年第 392 号条例》。我国加入的公约在责任限额上比其他国家要

① Maritime Labor Convention, 2006 Frequently Asked Qquestions, Fourth edition, 2015.

低，且无强制责任保险的要求，这同样会使得我国船舶所有人面临因未提供保险证书或财务担保而被禁止进入环北极国家港口的境地，影响我国船舶的顺利航行。

在海商法方面，美国属于北极国家中比较特殊的国家。美国政府在 Exxon Valaez 油轮事故后，单方面制定了《1990 年油污法》，对在美国区域发生的油污损害规定了船东、经营人和光船承租人的严格责任制，同时对油轮和其他各类船舶规定了严格要求。美国没有加入上述任何有关民事责任的国际公约，美国国内有关海上邮轮旅游人身伤亡的准据法是美国联邦的海事法律法规，有关油污的立法主要有《1990 年油污法》，建立了国内船舶油污损害赔偿机制，成为世界上船东责任限制最高、基金补充最多的国家。而在海事赔偿责任限制方面则适用《1851 年船东责任限制法》。该法明确规定：所有船主均可依据本法提起责任限制之诉，不考虑船主的国籍、航程出发地、目的地以及损害的发生地。此外，该法还规定：从事往返美国和其他国家间运输的船主，不得以任何行使的协议和任何人约定有关海事损害赔偿责任的免除、责任限制的金额、损害的衡量等事项，所有有关责任限制的约定和协定都被视为无效的并且违反美国的公共政策。

4.2 有关冰区航行的专门性文件

随着北极海冰的消融和北极地区经济开发活动的增长，极地水域船舶交通量有逐渐提升的趋势，引发北极国家对极地海上航行安全问题的重视。为了弥补一般性国际海事公约对防范北极航行特殊风险存在的不足，国际海事组织也开始制定关于冰区航行的特殊规则。

4.2.1 《北极冰覆水域船舶操作指南》

德国最早提议以《SOLAS 公约》修正案的方式制定专门的北极航行规则，自 1993 年开始在 IMO 框架内开展了制定极地水域船舶航行安全规则的工作。经过多年的努力，到 2002 年国际海事组织海洋环境保护委员会及海上安全委员会先后通过了《北极冰覆水域船舶操作指南》（Guidelines for Ships Operating in Arctic Ice-covered Waters，简称《北极指南》），作为对已有的一般性国际航行标准的补充①。该指南适用于在北极冰覆水域航行的船舶，其范围为北纬 60 度以北、海冰密集度在十分之一以上并给船舶带来结构性风险的水域，大致范围见图 4-1。在适用的船舶方面沿用了《SOLAS》的范围，适用于客船以及 500 总吨及

---

① 指南的制定背景及历史参见 Øystein Jensen. The IMO Guidelines for Ships Operating in Arctic Ice-covered Waters: From Voluntary to Mandatory Tool for Navigation Safety and Environmental Protection? FRIDTJOF NANSENS INSTITUTE Report 2/2007.

以上的用于冰上国际运输的货船，排除了载重小于500总吨的渔船、游艇、木船、货船等的适用。

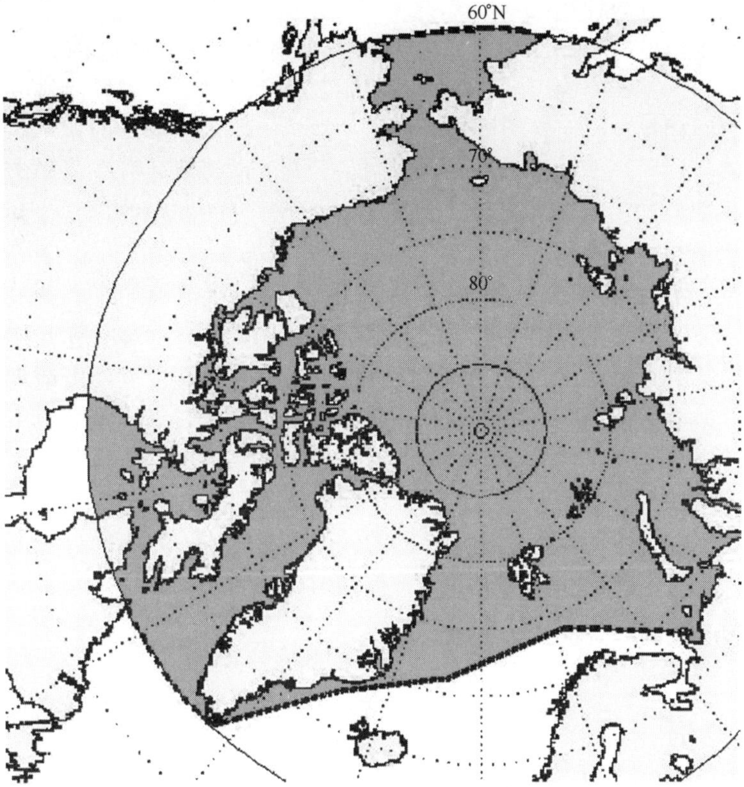

图4-1　《北极冰覆水域船舶操作指南》的最大适用范围①

指南分为四部分，针对船舶建造、装备、操作以及环境保护和损害控制做出了细致的规定②。A部分规定了新造北极运输船舶在恶劣自然条件下有关船舶建造和稳性的内容。船舶应能抵御因船壳被北极冰川刺穿而引发的海水涌入，船舶在配备和操作实践中应将对环境的损害降至最低。B部分是关于防火安全、火情探测和熄灭系统、人命救助器具和安排以及航运设施的规定。这部分要求所有极地船舶备有自动鉴别系统，船上携带全封闭救生船。C部分是关于船舶操作、船员培训和应急措施的内容。船上应备有操作日志和在冰封区域有关操作训练的手册。而且特别对船员进行冰封区域航行的训练，而所有在北极冰封海域航行的船舶都应至少具备一位经验丰富的引航员。尽管指南未对船员培训等问题做出全面规定，却尤其强调了冰封海域航行前进行特殊培训的必要性。D部分是关于北极

① IMO MSC/Circ. 1056-MEPC/Circ. 399.

② MSC/Circ. 1056-MEPC/Circ. 399, Guidelines for Ships Operating in Arctic Ice-covered Waters.

冰封海域航行中保护环境和控制危险的规定。所有在北极冰封海域航行的船舶应配备充分，船员经过相关培训，能够对船壳的损害做出有效和及时的反应，可以对船舶污染进行有效控制。

尽管该指南没有强制约束力，但 IMO 鼓励各国通过将该指南纳入国内法使其得到适用。这一指南为后续极地规则的制定奠定了基础。南极海域的安全航行和环境问题同样存在，而且因南极主权冻结缺乏沿海国和港口国执行，违反一般国际安全航行标准的事件常得不到有效制止。有关南极海域航行船舶的冰区加强标准、禁止重原油、油类、废水、废物等的排放、防止通过压舱水引入外来物种、建立船舶交通监测和信息系统等议题的提案都曾在 IMO 海洋环境保护委员会中讨论过。2004 年第 27 次南极条约协商国会议也邀请国际海事组织考虑修订操作指南，使其适用范围覆盖到南极条约冰封水域①。经过对原有北极指南的彻底修订，国际海事组织于 2009 年在第 26 次大会上决议通过了《极地水域船舶操作指南》(Guidelines for Ships Operating in Polar Waters)。该指南的适用范围扩展至南极和北极的全部水域，而不限于冰覆水域。这些规定是考虑极地水域特殊气候条件及安全航行和防止污染的适当标准而制定的，是超越了现有海事公约要求的额外必要标准，然而指南是建议性质的，依赖船旗国、船方的自愿遵守，没有强制约束力，也不妨碍有关国家航行管控的国内法制度。

4.2.2 《远离搜救设施区域营运客船加强应急计划指南》

2006 年 3 月 6 日至 10 日，无线电通信和搜索救援委员会在其举行的第 10 次会议上提出了《远离搜救设施区域营运客船加强应急计划指南》(Enhanced Contingency Planning Guidance for Passenger Ships Operating in Areas Remote from SAR Facilities)② 相关内容。2006 年 5 月 10 日至 19 日，海上安全委员会在其第 81 次会议上批准通过该指南，并希望成员国政府和国际组织向相关人员进行推介。该指南主要分为三部分：一是依据《SOLAS》和《SAR 公约》及相关规定、《ISM 规则》，客船的应急计划应在远离 SAR 设施的区域开展；二是 SAR 区域合作计划安排应当加强远离搜救设施区域的船舶操作；三是远程区域作业的风险应进行评估和计划。该指南同时对于上述三部分涉及的相关的因素、条件、方法等做出了细则规定。

4.2.3 《冷水生存指南》

同样在第 81 次会议上，海上安全委员会通过了《冷水生存指南》(Guide for

---

① A. Blanco-Bazán. Specific Regulations for Shipping and Environmental Protection in the Arctic: The Work of the International Maritime Organization. The International Journal of Marine and Coastal Law, 2009, 24: 386.

② MSC. 1/Circ. 1184.

Cold Water Survival 2006)[①]。该指南针对船员、乘客和救援者等因暴露于寒冷之中而可能危及生命的各种危险，提供如何预防和减少这些危险的建议措施，旨在为在寒冷水域营运的客船开展自救和他救活动提供了实用性的指导。IMO 鼓励成员国政府和国际组织向有关航运主体发布和宣传，海上安全委员会在 2012 年 11 月召开的第 91 次会议上通过了针对《冷水生存指南》的修正案[②]，吸收了最新的医疗和科学观点，制定了有效预防和减少相关危险的措施。指南介绍了暴露于冷水中的危害及其影响，在弃船前可以采取的提升生存机会的措施，在生还期间应当采取哪些措施保持生命，在救援期间搜救人员如何对从冷水中或救生艇中获救的人员进行救助等。

4.2.4 《偏远区域营运客船的航行计划指南》

2008 年 1 月 3 日，国际海事组织在第 25 次会议上颁布实施了《偏远区域营运客船的航行计划指南》(Guidelines on Voyage Planning for Passenger Ships Operating in Remote Areas)[③]。随着远洋旅客的日益增加，越来越多的客船开始航行于偏远地区，其航行计划需要特别考虑到偏远地区的环境特点、有限的资源和导航信息，需要在早先通过的《航行计划指南》[④] 基础上，针对在偏远地区营运客船制定专门的航行计划指南。根据该指南的要求，详细的客船航行计划应包含水文数据信息、海事安全信息和搜救资源的局限、航行协助及避难场所具体信息；计划在北极或南极水域航行的船只还应当额外评估一些特殊因素，包括关于如何在海冰环境下航行的相关知识，关于预期路线附近海冰和冰山范围、类型的最新信息，关于前几年海冰状况的统计资料，冰覆水域的操作限制，以及冰区导航员的可利用状况。在规划阶段，详细的航行计划应包括安全区域和禁区、经调查的海洋通道以及紧急情况应急计划；在北极或南极水域航行的船只的航行计划还应在此基础上考量其他因素，包括在黑暗、有雾和强压等船只驶入海冰区域不安全的状况、与冰山的安全距离、海冰和冰山的存在以及驶向海冰区域的安全速度等。在执行方面，客船方面应当按要求向管理当局及时汇报先前航行计划的变动，此外，在北极或南极水域航行的船只还应当考虑现有的海冰情况以及驶入海冰区域可能要采取的措施（弃船演习和特种设备的准备）等因素。

---

① MSC. 1/Circ. 1185, Guide for Code Water Survival.

② MSC. 1/Circ. 1185/Rev. 1, 30 November 2012.

③ IMO Resolution A. 999 (25).

④ IMO Resolution A. 893 (21) .

4.3 强制性的极地航行规则

4.3.1 《极地水域船舶操作国际规则》的制定

在极地指南通过的同一年，丹麦、挪威和美国向海上安全委员会（MSC）第86次会议提交了关于在极地适用强制性规则的提案①，建议设计和设备分委会（DE）及其他适当的分委会将制定极地区域强制性的海事规则作为高度优先事项，通过修订建议性的《极地水域船舶操作指南》，解决极地水域航行的安全和环境保护问题。海上安全委员会和海洋环境保护委员会（MEPC）先后通过决议，指示DE分委会负责制定具有强制拘束力的极地航行规则，从此开启了极地规则的磋商和制定进程，涉及了MSC和MEPC几乎所有的技术分委会。经过接近5年的工作和磋商，国际海事组织通过了《极地水域船舶操作国际规则》（International Code for Ships Operating in Polar Waters，简称《极地规则》）②。为了通过相对高效的程序使其具有法律拘束力，规则文本被划分为安全措施和防止污染措施两大部分，每一部分又包含强制性规则和建议性规则两部分内容，以便与各委员会和分委会的分工以及与现有的国际公约对接，通过《SOLAS》、《MARPOL》修正案的方式使《极地规则》对两大公约的缔约国具备强制性。

2014年11月MSC第94次会议通过了序言、引言和安全措施部分及《SOLAS公约》修正案。2015年5月MEPC第96次会议通过了序言、引言和防污染措施部分及《MARPOL公约》的修正案。按照法定程序《极地规则》于2017年1月1日生效③。2016年11月MSC第97次会议通过了极地水域航行船舶船员强制性培训和发证的《STCW公约》及《STCW规则》修正案，预计于2018年7月1日生效。这比原先公布的生效日期推迟了6个月，以期给予海事培训中心足够的时间招募具有资质的讲员和准备课程④。《极地规则》成为第一部具有强制约束力的综合性极地水域航行规则，取代此前自愿适用的极地水域船舶操作指南。

《极地规则》的内容涵盖航行安全和环境保护的各个方面，涉及《SOLAS》、《MARPOL》、《STCW》三个国际公约的修订，实现了各技术委员会之间的合作，一揽子规定了极地水域船舶通航应当满足的特殊要求，对规范和指导极地水域航

---

① MSC 86/23/9, WORK PROGRAMME Mandatory application of the polar guidelines, Submitted by Denmark, Norway and the United States.

② Resolution MEPC. 264（68）, International Code for Ships Operating in Polar Waters.

③ Shipping in polar waters: Adoption of an international code of safety for ships operating in polar waters (Polar Code), http://www.imo.org/en/MediaCentre/HotTopics/polar/Pages/default.aspx.

④ IMO Adopts Polar Code Amendments to STCW, http://maritime-executive.com/editorials/imo-adopts-polar-code-amendments-to-stcw, access on 18 May, 2017.

行活动具有重要影响。《极地规则》一个突出的特点是采用风险评估和目标导向原理制定安全规则，规则表现为“目标-功能要求-规定”的形式。在第一部分安全措施中，该规则首先评估出极地水域航行的 10 种特殊危险，进而从规避危险的角度确立航行安全和环境保护的治理目标以及为达成该目标应实现的功能性要求，最后基于功能性要求具体制定船舶设计、建造、人员培训、操作规范等规则。这种目标导向的标准不立足于现有的技术条件、标准或某些国家的利益诉求，从目标实现和功能要求的客观立场出发制定具体规则，不仅可以防止规则受限于个别技术标准、成为个别国家推行一己私利的工具，也有利于避免僵化的规范性标准，使其技术标准具有灵活性和可操作性（白佳玉，李俊瑶，2015）。

《极地规则》制定了较为全面的针对冰区船舶建造、设计、配备、人员、操作、环保等方面的标准和要求。根据《极地规则》的规定，在南北极所划定的水域内进行航行的船舶需要申请极地船舶证书，该证书将所有的航行船舶划分为 A、B、C 三个等级。为进一步保护北极航道脆弱的航运环境、确保航运安全，《极地规则》将南极标准拓展应用于北极，统一要求极地船舶油污水的零排放，此外，还对极地船舶设计提出了特殊的油排放限制规则。

4.3.2 《极地水域船舶操作国际规则》的适用范围

《极地规则》的适用范围包括南极水域和北极水域。其中，南极水域指南纬 60 度以南的海域；北极水域范围的确定则借鉴了《北极指南》的做法，在地理标准基础上增加了对海冰覆盖情况的考量，将冰岛和挪威沿岸部分水域排除在适用范围之外，适用范围参见图 4-2。但停靠美国、加拿大和俄罗斯北极地区港口的船舶，以及穿越北极航行的船舶将受到《极地规则》的约束。

船舶范围方面，因为涉及适用范围不同的两个公约，《极地规则》文本没有对船舶的适用范围做出规定，而是在修正案中针对国际公约一般性的适用范围做出进一步的说明。《SOLAS》在总则中排除了军用舰艇和运兵船，小于 500 总吨的货船，非机动船，制造简陋的木船，非营业的游艇和渔船。《极地规则》中《SOLAS》修正案第二条规定，极地规则安全措施适用于在极地水域操作的、根据公约第 1 章发证的船舶，不适用于由一国缔约国政府所有或运营，且当时只用于政府非商业性服务的船舶。《MARPOL 公约》一般性地排除了对军舰、海军辅助船舶或其他国有或国营并用于政府非商业性服务船舶的适用，其中《防止油类污染规则》和《防止船舶生活污水污染规则》两个公约附则还有特殊规定，《极地规则》中《MARPOL 公约》修正案规定新增加的一章适用于所有极地水域操作的船舶。因此，目前《极地规则》的适用对象不包括公务船舶以及仅用于国内航行的船舶，但是鼓励缔约国公务船舶在合理和可行的范围与该规则的要求保

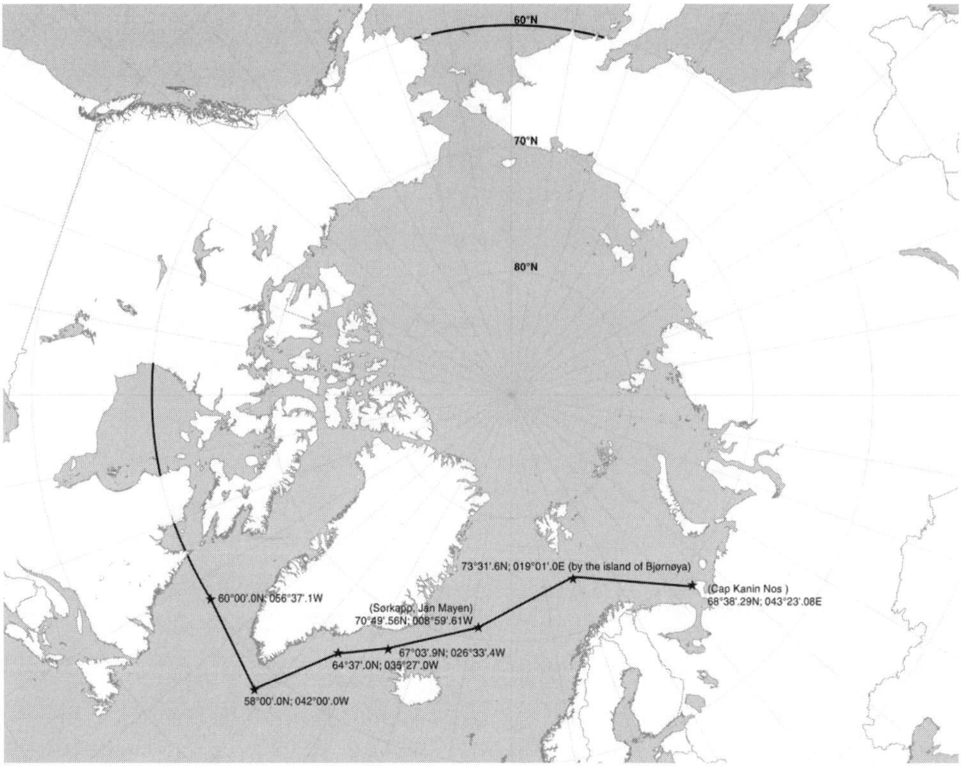

图 4-2 北极水域最大适用范围①

持一致。

4.3.3 《极地水域船舶操作国际规则》对极地水域航行提出的要求

货物运输的情况下，适航时间要求是开航之前和开航当时，而在旅客运输的情况下则为整个航程。适航是指船舶的一种状态，意味着船舶抵御风险的能力，具体表现为船舶的船体、船机在设计、结构、性能和状态等方面能够抵御合同约定的航次中通常出现的或者能合理预见的风险，而且应妥善配备船员和装备船舶等。《极地规则》在正文第一部分全面规定了极地航运应当采取的安全措施，内容涵盖极地水域操作手册、船体结构、分舱和稳性、水密和风雨密完整性、机器设备、消防安全、救生设备和装置、航行安全、通信、航次计划、船员和培训。

4.3.3.1 船舶的建造

根据船舶抗冰能力的不同，《极地规则》将能够在极地水域操作的船舶划分

① International Code for Ships Operating in Polar Waters, Resolution MEPC. 264 (68).

为 3 种类型：A 类为可在有当年中冰（可能包括陈年夹冰）的极地水域操作的船舶；B 类为除 A 类船舶外，可在有当年薄冰（可能包括陈年夹冰）的极地水域操作的船舶；C 类为旨在开阔水域或在冰况低于 A 类和 B 类程度的极地水域操作的船舶。

由于各船级社实施不同的船舶分类、设计和建造标准，为了统一关于极地水域航行船舶的建造标准，国际船级社协会（IACS）制定了《极地船级统一要求》①，已于 2008 年 3 月生效，最近一次修订是在 2016 年 4 月。IACS 目前有 12 个成员船级社，包括中国船级社，世界货物运载吨位的 90%以上由船级社协会的成员协会制定的分类设计、建造和全程履行规则和标准所涵盖。经成员船级社的管理机构批准后，统一规则就会被纳入成员船级社的规则和实践中，而且统一规则是最低标准，成员船级社可以制定更加严格的标准。IACS 在成立之初就获得了政府间海事协商组织（IMO 前身）的咨询地位，IMO 认可 IACS 对极地船舶的统一要求，《极地规则》中多处提及参照“本组织接受的标准”，例如要求在主管机关核准 A 类船和 B 类船的造船材料和外部消防系统的材料时应参考 IACS 关于极地船级的统一标准。

《极地船级统一要求》将能够在极地水域航行的船舶分为 7 个级别（表 4.1），从 PC7 到 PC1，船舶在冰覆水域的操作能力逐渐增强。IACS 关于极地船舶的统一要求对船体本身规定了船壳、设计冰荷载、峰值压力系数、壳板要求、结构稳定性、纵向强度、附属物、焊接等方面的特殊要求，此外极地船舶的推进装置、舵机、紧急和辅助系统机械也应满足额外的标准。

表 4.1　极地级别描述

极地级别	冰况描述
PC1	在所有冰覆水域航行
PC2	在中等厚度的多年冰状况下航行
PC3	在第二年冰（可能包含多年夹冰）的状况下航行
PC4	在当年厚冰（可能包含旧夹冰）的状况下航行
PC5	在中等厚度的当年冰（可能包含旧加冰）的状况下航行
PC6	在薄到中等厚度的当年冰（可能包含旧夹冰）的状况下航行
PC7	在薄的当年冰（可能包含旧夹冰）的状况下航行

根据《极地规则》② 的规定，计划在南北极水域从事船舶营运必须申领并配

① International Association of Classification Societies, Requirements concerning Polar Class, http://www.iacs.org.uk/document/public/Publications/Unified_ requirements/PDF/UR_ I_ pdf410. pdf.

② 《极地规则》的中译文参考自上海海事局和上海海事大学共同组织编译，《极地水域船舶作业国际规则（极地规则）》，上海浦江教育出版社，2015 年 12 月。

备有效的极地船舶证书（Polar Ship Certificate），极地船舶证书只有经初次检验或换证检验符合本规则相关要求后才能签发。只有持有《极地规则》要求的极地船舶证书才能进入极地水域操作。极地船舶证书应根据附录中的模版制定，并附上极地船舶证书设备记录。极地船舶证书应提供船舶船籍港、IMO 编号、级别、类型等信息，并证明船舶经检验符合规则的各项要求。同时，所有极地船舶都应随船携带极地水域操作手册（Polar Water Operation Manual，简称 PWOM），极地水域操作手册的功能是给船舶所有人、经营人、船长和船员提供有关船舶操作能力和限制的充分信息，以支持其科学决策，手册的内容应包括操作能力和限制、船舶操作、风险管理以及联合操作等内容。以附则中提供的 PWOM 模版为例，船舶操作能力和限制可以从冰区操作、低气温下的操作、在高纬度的通信和导航能力以及航次持续时间角度进行评估；船舶操作可以包括战略计划、接受环境条件预报安排、水文、气象和航行信息的核查、专用设备的操作、维护设备和系统功能的程序；风险管理包括有限环境条件下的风险减轻、应急响应、与应急响应服务的协调、在冰区长时间受困时维持生命补给和保持船舶完整性的程序；联合操作应包含要求或提供破冰护航服务的沿岸国制定的规则和程序。

极地航行的船舶应具有结构的完整性，足以应对以下风险：一是船体与海冰碰撞引起的可预期的载荷，如船舶破冰载荷；二是船体可能遇到的意外的冰载荷，如大块坚硬浮冰的冲击、冰块在压载舱内坠落等；三是船体材料的低温脆裂。分舱和稳性方面，在有可能发生积冰的地区和时段作业的船舶，船舶在完整条件下应具备足够的稳性，且应提供用以消除或防止舱口和门周围积冰和积雪的方法。对于 2017 年 1 月 1 日以后建造的 A 类和 B 类船应当具备足够的稳性以承受与冰相关的破损。

4.3.3.2 船舶的装备

针对极地水域海冰、积冰、低温等航行条件，在极地水域航行的船舶应保证机器设备、消防安全、救生设备和装置以及通信设备足以适应这些影响航行安全的自然状况①。

具体来说，机器设备及相关设施应得到保护，以防止积冰、积雪或吸入冰雪带来的不利影响，对预定在低气温下操作的船舶，应保证暴露在外部环境中的机电设施和设备应能在极地工作温度下运行。为了确保消防安全系统和设施的有效性和可操作性，以及脱险通道可用，对露天位置的消防系统和设施加以保护以免遭冻结、积雪和积冰破坏，保证无线电通信设备在极地工作温度下可用，现场设备和机械控制装置应安放在不结冰的舱室。

安全逃生方面，采取防止和去除结冰和积雪的措施，保持逃生线路、集合

---

① 《极地规则》第 6 章至第 10 章。

站、登乘区域、救生艇筏及其降落设备和通往救生艇筏的通道的通畅和安全，露天逃生路线应布置成不至于阻碍穿着极地服装的人员通行。为了实现安全救生，客船应为每个船上人员提供一套大小合适的保暖救生服和保温用具，预定在黑暗中长时间操作的船舶，应为每艘救生艇提供便于识别冰的可连续使用的探照灯。船舶应提供足够的个人救生设备和集体救生设备，其中救生艇应当部分或全部封闭，能够为船上人员提供防风抗寒和保暖功能。

考虑到船舶通信系统在高纬度和低温环境下的限制，船舶的通信设备应具备船对船和船对岸的通信能力，所有救生艇应配备发射报警、定位信号、发射和接收现场通信的设备。此外，船舶应当有接收和显示目前操作海区航海冰情信息的途径，配备两台回声探测仪和两套用来确定和显示其船首向的非磁性装置，对航行纬度超过 80 度的船舶应至少配备一套 GNSS 罗经或者等效设备。

4.3.3.3 船员的配备

北极恶劣的天气条件，缺少精确海图、通信系统以及其他导航辅助设备等情况都是海员不得不面对的挑战。随着极区水域航运业的发展，近年来已发生数起海上事故。极区水域地理位置偏远，水文、海洋、气象、冰河现象独特，在搜救、援助和疏散人员和处理环境污染问题时会遇到严重的操作和后勤保障困难，所以在极区操作的船舶，船长和高级船员需要经过特殊的培训，具备丰富的经验和相关资格。为此，《极地规则》第 I-A 船舶航行安全第 12 章，专门针对极地航行的船长、大副及驾驶员等规定了培训要求。当船舶在极地水域航行时，船长、大副和驾驶员应满足经修订的《STCW 公约》和《STCW 规则》关于强制性极地水域船舶操作船员资格和培训标准①。其中，在开阔水域航行的液货船和客船，其船长、大副和驾驶员应取得极地水域船舶操作基本培训证书，在开阔水域以外冰覆水域航行的各类船舶，船长和大副应取得相应的高级培训证书。表 4.2 所示为不同种类极地船舶配员的适任要求。

表 4.2 不同种类极地船舶配员的适任要求②

冰况	液货船	客船	其他船舶
无冰	不适用	不适用	不适用
开阔水域	船长、大副和驾驶员基本培训	船长、大副和驾驶员基本培训	不适用
其他水域	船长和大副高级培训；驾驶员基本培训	船长和大副高级培训；驾驶员基本培训	船长和大副高级培训；驾驶员基本培训

① 具体包括包括 STCW 公约附则（V/4），STCW 规则 A 部分（A-V/4）、B 部分（B-V/4）修正案。
② 《极地规则》第 12 章配员和培训。

根据《STCW公约》有关《极地规则》修正案的规定，每个申请极地水域船舶操作基本培训证书的申请人，应完成认可的基本培训，并达到《STCW规则》规定的适任标准。申请极地水域船舶操作高级培训证书的申请人应满足以下条件：①符合极地水域船舶基本培训发证要求；②具有至少2个月极地水域内在甲板担任管理职务或履行操作级航行值班职责的海上服务资历，或其他等效认可的海上服务资历；③完成基地水域船舶操作高级培训，达到《STCW规则》的适任标准。《STCW规则》针对极地水域船员的培训专门做了修订，培训合格证包括基本培训合格证和高级培训合格证两个层次，分别制定了极地水域船舶操作基本培训和高级培训的最低适任标准，具体列举和说明了适任的能力，应当具备和掌握的知识，并提供了表明适任的方法和评价适任的标准。以基本培训为例，培训包含对航行区域及其冰的特点、冰区和低气温状况下船舶的性能、冰区操作和操纵船舶的知识和能力、法规方面的基础知识、船员准备、工作条件和安全方面的基础知识以及环境因素和法规的基础知识等内容①。为了持续在极地水域船舶操作上从事海上服务，持证人还需每5年重新检验，以保持相应的专业适任能力。

4.3.4 船舶排污标准

《极地规则》部分规定了极地水域船舶航行应当采取的防污措施，在《MARPOL附则》的基础上对防止油类污染、散装有毒液体物质污染、船舶生活污水和船舶垃圾污染提出了更高的要求②。由于南极地区已经被指定为附件Ⅰ、附件Ⅱ和附件Ⅴ中的特殊区域，在污染物排放方面适用了严格的标准，《极地规则》防止污染这部分措施重在弥补北极海域要求不足的情况。

规则禁止任何船舶在北极水域排放油或油类混合物，船舶结构层面，要求2017年1月1日及以后建造的燃油总量低于600立方米的A类船和B类船，所有的燃油舱、所有的残油（油泥）舱和含油舱底水储存舱均应被分隔距外船壳不少于0.76米的距离。对5000载重吨以下的A类船和B类油船，整个货舱总长应遵循《MARPOL公约》附则I第19.6.1的要求受双层底舱的保护，边舱应按照《MARPOL公约》附则I第19.3.1的规则布置并符合第19.3.2的距离要求。

规则还禁止在北极海域排放任何有毒液体物质或含有此类物质的混合物，要求2017年1月1日及以后建造的A类船和B类船在装运《散装运输危险化学品船舶构造和设备国际规则》相关规定确定的有毒液体物质时应当经主管机关批准。

对在极地水域排放生活污水有严格的要求，对于经粉碎和消毒的生活垃圾污

① 《海员培训、发证和值班规则》（STCW规则）第A部分的修正案，表A-V/4-1为极地水域船舶操作基本培训最低适任标准。

② 《极地规则》第Ⅱ-A部分防止污染措施。

水，船舶在距最近冰架或固定冰 3 海里以外并尽可能远离冰密集度超过十分之一的区域排放，对于未经粉碎和消毒的生活垃圾污水，船舶应在距最近冰架或固定冰 12 海里以外并尽可能远离冰密集度超过十分之一的区域排放。

在北极水域，食品废弃物入海应在距最近冰架或固定冰 12 海里以外并尽可能远离冰密集度超过十分之一的区域，不能排放至冰上。食品废弃物不应被其他种类的垃圾污染，且应经粉碎或磨碎，保证能通过筛眼不大于 25 毫米的粗筛。

第 5 章　北极航运的沿海国管制及区域合作

北极八国中有 5 个国家地理位置濒临北冰洋，包括俄罗斯、加拿大、美国、挪威和丹麦（格陵兰）。加拿大和俄罗斯在北极航道沿线拥有漫长的海岸线，其国内法管制对北极航线开发利用有重要的影响。从目前的国家实践看，只有这两个北极国家的国内法超越了一般认可的国际航运规则和标准，因此本节单独考察加拿大和俄罗斯两国与北极海上航运管理相关的国内法规则，并在此基础上梳理了北极海事区域合作的进展。

5.1　加拿大的北极航行管控制度

加拿大对其北极海域通航船舶的管控由来已久，最鲜明的特点是环保法规严格。2010 年加拿大在北极海域建立了强制性航行报告制度，意味着加拿大管控北极航运活动的能力逐步加强。

下面将分别考察加拿大北极水域的环境保护制度和船舶航行规则。海洋环境保护是加拿大北极水域管辖的核心，加拿大制定了一系列防止污染和有关船舶航行安全的法律法规，其中影响最大且至今仍在发挥重要作用的是赫赫有名的 1970 年《防止北极水域污染法》。此外，还包括《加拿大航运法》、《海事责任法》、《海上交通安全法》、《沿海贸易法》和《加拿大劳动法》等，其共同目的是加强船舶航行安全，保护人员生命、健康、财产安全，保护海洋环境①。上述法规要求通行加拿大北极水域的船舶应具备一定的抗冰能力，针对北极的气候和操作条件制定了通行船舶应当达到的设计、建造和装备标准。同时在排污方面，加拿大制定了严格的防止船舶污染的措施，禁止向北极水域排放废物。并将加拿大北极海域划分为 16 个安全控制区，对不同冰区加强等级的船舶规定了固定的开放和关闭时间表。

5.1.1　北极水域的环境保护制度

受美国“曼哈顿”号油轮穿行事件的刺激，1970 年加拿大以北极水域环境脆弱亟须特殊保护为由通过了《防止北极水域污染法》（Arctic Waters Pollution Prevention Act，简称《AWPPA》），单方面将环境管辖权从当时 3 海里领海扩

---

①　http：//www. tc. gc. ca/eng/marinesafety/debs-arctic-menu-303. htm，Accessed on 17 Nov. 2015.

展至领海基线起100海里的海域，规定了船舶进入该海域的排污标准以及船舶设计、建造标准。该法案经历了几次修订，至今仍然是加拿大防控北极水域污染最重要的法律，在此法律之下有两个重要的执行性法规，《防止北极航行污染规定》（Arctic Shipping Pollution Prevention Regulations）和《防止北极水域污染规定》（Arctic Waters Pollution Prevention Regulations），规定了法案实施的具体措施①。

5.1.1.1 制度的适用范围

1）适用的地理范围方面。

1970年法案将其适用范围"北极水域"界定为北纬60度、西经141度以及从最近的加拿大陆地向海100海里线围成区域内、毗邻加拿大北极大陆和岛屿的水域。这一范围一直延续到2009年，加拿大修订了该法案，"北极水域"被重新界定为北纬60度、西经141度以及专属经济区外部界限围成区域内的水域，包括加拿大内水、领海及专属经济区。

修订前后的地理范围有两点差异：一是空间范围大大扩大。北极水域在外部界限上向海扩展了100海里，达到了专属经济区外部界限，即沿海国管辖海域（此处不包含外大陆架）和冰封水域条款适用范围的最大外部界限；二是水域法律性质得到明确。这种变化是对《联合国海洋法公约》确立的海域制度的回应，也是在配合和重申加拿大领海基线及管辖海域的主张。值得注意的是，尽管法案强调北极水域包含了加拿大内水、领海和专属经济区3种不同性质的水域，但事实上该法案无差别地适用于加拿大的管辖海域。

2）适用的船舶范围方面。

对于法案的适用对象，这里主要关注公务船舶的适用规则。《AWPPA》适用条款重点规定了地域范围，没有区分公务船舶和一般船舶，在其他地方，仅有航行安全控制区制度对公务船舶有特别规定。

总督（Governor in Council）在认为满足下列条件时可以通过命令免除外国公务船舶适用航行安全控制区的规定：①该主权国家已采取适当措施确保上述适用于控制区的标准或同等标准得到遵守；②在所有其他方面已经或将要采取所有合理预防措施以减小航行所致废物排放的危险②。从这种规定看，加拿大环境管辖权对外国公务船不自动适用管辖豁免，无论外国船只获得豁免批准的实际情况如何，在程序上、形式上，加方对外国公务船是否能够豁免具有决定权。而对于同样作为环境管辖权重要内容的废物排放管制，法案却在授予总督制定废物排放种

---

① 加拿大国内法规除特别说明外，取自加拿大司法部网站上提供的法规汇编，如《北极水域污染预防法》的文本见 http://laws-lois.justice.gc.ca/eng/acts/A-12/.

② Arctic Waters Pollution Prevention Act, R.S.C., 1985, c. A-12, 第12条第（2）款。

类、数量和条件的法规权力时，未提及公务船舶主权豁免的问题①。因此可以说，加拿大在环境保护及与其有关通行制度上对外国公务船舶的豁免是有条件的和不全面的。

5.1.1.2　北极水域废物排放制度

加拿大严格控制北极水域内的船源和毗邻北极水域的陆源废物排放，禁止废物排放是一般原则，特定情形下的许可是例外，这些规定对进入加拿大北极水域的外国船舶包括外国公务船舶均适用。除法规另有规定外，任何人或船舶不得弃置废物于北极水域或可能使废物进入北极水域的北极陆地或岛屿上，对于违反该规定弃置废物或可能造成此种危险的个人或船舶，船长应当立刻报告，违规弃置废物将承担严苛的民事赔偿责任。这种民事责任是绝对的，不以过失或疏忽举证为依据。责任范围包括根据国务专员指示采取活动的一切费用和附带费用、其他人因废物排放产生的实际损失或损害以及加拿大政府认为是正当的旨在挽救或弥补污染情况、减少或减轻已经或即将发生的生命财产损失采取的行动所产生的代价和费用，且上述诉求均可在加拿大法院起诉获得赔偿②。

根据法案的解释，“船舶”包括任何种类的用于航行或以航行为使用目的而设计的船只或船舶，不论其驱动方式或有无动力。“废物”指：①加入水中会降低或改变水质或构成降低或改变水质过程的一部分，达到损害人类或动植物使用后果的物质；②包含一定数量或浓度某物质的水或者经过加热或其他方式处理、加工或改变后的水，将其加入其他水中会降低或改变水质或构成降低或变更水质过程一部分达到前一项中的程度；同时，在不影响上述规定一般性的原则下，包括被《加拿大水法》（Canada Water Act）认为的是废物的所有物质③。

《防止北极航行污染规定》列举了允许船舶排放废物的情形：一是船上产生的污水可排放④；二是严格限定了油污或油类混合物的排放情形。油污排放仅在以下 3 种情况下是允许的：①排放是为了救助人命或为防止船舶即将遭受的损失；②排放是在已采取所有合理预防措施防止事故的发生以阻止或减少排放却仍然出现船舶搁浅、碰撞或沉没导致的；③排放是通过引擎的排气装置或水下机械组件排出，且这种排放是最低限度的、无法避免，并对船舶引擎或组件的运行十分必要。在这些例外情况之外的排放都是被禁止的⑤。

---

① Arctic Waters Pollution Prevention Act, R. S. C. , 1985, c. A-12, 第 4 条.

② Arctic Waters Pollution Prevention Act, R. S. C. , 1985, c. A-12, 第 4~7 条.

③ Arctic Waters Pollution Prevention Act, R. S. C. , 1985, c. A-12, 第 4 条.

④ Arctic Shipping Pollution Prevention Regulations, C. R. C. , c. 353, 第 27 条.

⑤ Arctic Shipping Pollution Prevention Regulations, C. R. C. , c. 353, 第 28 条.

5.1.1.3 航行安全控制区制度

航行安全控制区是加拿大《防止北极水域污染法》中一个特别的制度，加拿大北极水域被划定为若干航行安全控制区域。在这些区域内，加拿大政府有权制定有关船舶建造、装备标准、船舶人员配备、航行时间等方面的标准，通过执行这些标准加拿大对进入该水域航行的船舶进行管控。

从地理范围上看，航行安全控制区实际上与《防止北极水域污染法》中“北极水域”的范围基本重合，涵盖了加拿大内水、领海和专属经济区范围。航行安全区的划分及地理坐标规定在《航行安全控制区法令》（Shipping Safety Control Zones Order）中，其南部界限为北纬 60 度，向海一侧界限在 2010 年随《防止北极水域污染法》对适用范围的修订也做了相应的修改，由距加拿大陆地 100 海里扩大至专属经济区的外部界限。

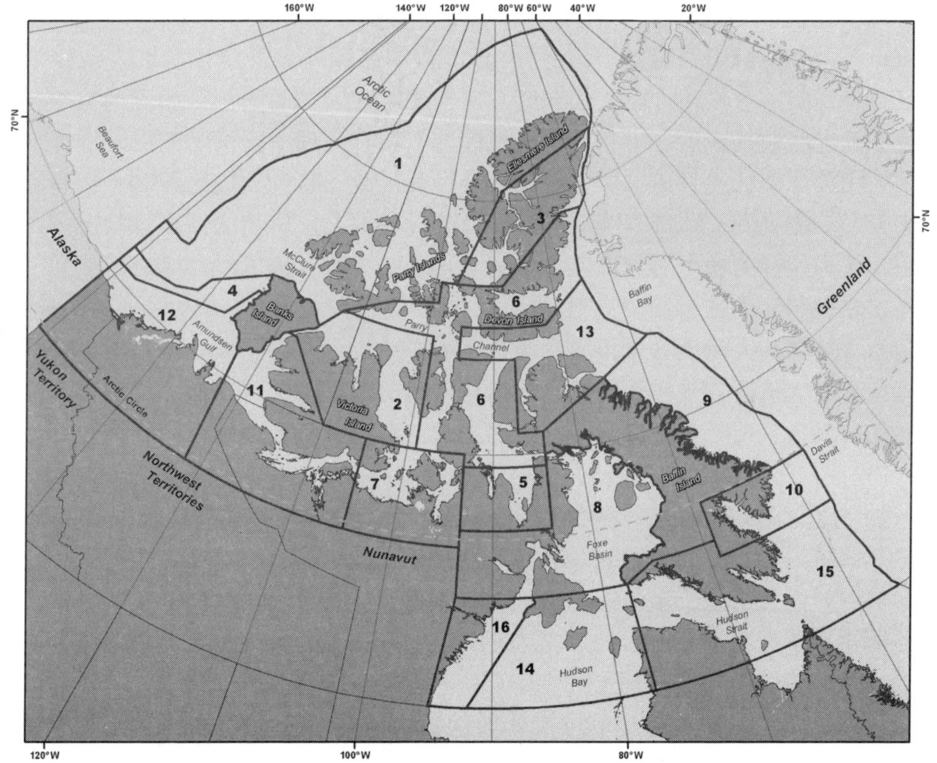

图 5-1　加拿大航行安全控制区①

北极水域共分为 16 个航行安全控制区，从 1 至 16 为其编号，编号数字越

---

① Shipping Safety Control Zones Order, C. R. C. , c. 356, 附表 2。

小，该区域的冰情越不利于航行，对通航船舶的性能要求也越高；反之，编号数字越大，冰情越有利于航行，对通航船舶的性能要求越低。下面具体来看航行安全控制区的有关规定。

1）加拿大在控制区内的权力

《AWPPA》授权国务专员制定航行安全区的航行规则，禁止不符合规则要求标准的船舶在该区域航行。法规制定的标准涉及船舶及航行的各个方面，包括船壳和燃料舱的建造，包括使用材料的强度、双壳的使用、预备密水舱室等，船舶机械和设备的制造，需要携带的电子和其他助航设备、电信设备及维护它们的方式和频率；船舶配员，包括符合资质要求的航行和值班人员数量，关于货物种类、数量、储存方式等，燃料、水和其他必需品的数量，地图、海图、潮汐表等与北极航行有关的出版物等。法规还可以阻止按规定须由引航员协助或配备冰区导航员而未遵守的船舶或在某些期间或冰情存在不能航行时船舶的通行①。

为保证防污标准的执行，法案赋予防止污染官员（pollution prevention officer）广泛的执法权，包括登临、检查、指示船舶停于安全控制区外或停泊于指定地点。防污官员还可以登临在航行安全控制区内的船舶进行相应的检查，使其能够确定船舶是否遵守了相关的法规标准。在合理理由怀疑船舶没有遵守安全控制区相关标准的，且船舶位于航行安全控制区或即将进入该区域时，或者官员基于天气、能见度、冰情、海况、船舶及其设备情况、货物的性质等状况的综合考虑，认为这样的命令对保护航行安全是正当必要时，他可以命令进入或在一个航行安全控制区内的船舶按其指示驶离该区域、留在区域外或停泊于某个地点；当防污官员得知大量废物被排放到北极水域，或进入北极水域，或官员有合理理由认为存在大量废物被排放的严重和迫在眉睫的危险时，可以命令特定区域的所有船舶向其报告所处位置并命令任意船舶参与废物清理或其他控制废物的行动②。

2）区域—时间准入系统

加拿大《防止北极航行污染规定》建立了一个区域—时间系统（The Zone/Date System），为不同级别的船舶设置了进出不同航行安全控制区的时间表③。在该区域—时间系统中，破冰能力最强的极地级 10 级船舶可以全年在所有区域航行，而适用于无冰水域航行的 E 类船舶则在一年中的任何时间都不能进入冰情严峻的前 6 个区域航行。

区域—时间系统具有简单可操作的优势，但却不能反映冰情每年发生的变化，有很大的僵化性。为了提供更灵活的北极航行，加拿大于 1996 年引入了北极冰区航行系统（Arctic Ice Regime Shipping System，简称 AIRSS），作为区域—时间系统的补充，允许船舶在冰情合适的情况下航行于目前区域—时间系统以外

---

① Arctic Waters Pollution Prevention Act，R. S. C.，1985，c. A-12，第 12 条。

② Arctic Waters Pollution Prevention Act，R. S. C.，1985，c. A-12，第 15 条。

③ Arctic Shipping Pollution Prevention Regulations，C. R. C.，c. 353，附表 VIII。

的情况。这个系统在考虑冰的类型和密集度的基础上，使用数学公式决定某一船舶能否进入特定冰区。由于这个系统的运行是基于真实的冰况，因此要求采用此系统的船舶必须在船上配有具有资质的导航员，且提交冰情线路信息（Ice Regime Routing Message）和航行后报告（After Action Report）①。

3）船舶建造标准

上述区域—时间系统不仅限定了船舶进出不同区域的时间表，同时也对进出航行安全区的船舶级别做了要求。加拿大采用了一种混合的船舶级别系统，客观上对通行航行安全控制区的船舶提出了较高的建造标准，限定了进入其管辖海域的船舶种类。

加拿大认可的船舶包括加拿大北极船舶分级规则和芬兰—瑞典冰级规则（也称波罗的海规范），其中加拿大的北极级船舶（Arctic Class Ship），按照船舶的破冰能力划分为 9 个级别，分别是 10、8、7、6、4、3、2、1A 和 1 级；依照《芬兰—瑞典冰级规范》建造的船舶有 A、B、C、D、E 五个类型②。其他冰级船舶只能在个案的基础上进行等效性评估③。

2007 年起国际船级社协会（IACS）制定并出台了极地级船舶的统一标准④，包括极地级船舶的分级体系和机械、结构技术标准，依据此标准新建船舶可以被授予极地入级标志。国际海事组织在 2009 年通过的《极地水域船舶操作指南》中也采纳了这一船舶入级体系。加拿大支持统一标准的执行，鼓励新造船舶采用这一极地级标准，并做了临时性的政策安排，将 7 个极地级船舶纳入到当前的航行系统中。例如，极地 6 级和 7 级船舶分别对应 A 类和 B 类船舶，极地 1 级和 2 级船舶可在遵守加拿大法规的情况下全年通行北极水域，对于极地 3 级、4 级和 5 级船舶可以在 AIRSS 系统下操作，并与类似级别的加拿大北极级船舶做参照⑤。

根据加拿大《防止北极航行污染规定》，总吨数超过 100 吨且运载超过 453 立方米油类物质的船舶⑥都须遵守航行安全区内这些建造、机械装置等技术标准。当前航行于北极水域的船舶标准在国际层面还属于指导性的，而加拿大的规定源自 1970 年《防止北极水域污染法》的授权，无疑是超前的。不久的将来，在 IMO 出台有法律约束力的极地操作规则后，加拿大将面临现有国内标准与国

① 关于该航行系统的一般介绍见加拿大交通部网站。http：//www.tc.gc.ca/eng/marinesafety/debs-arctic-acts-regulations-airss-291.htm. 具体要求见手册 Arctic Ice Regime Shipping System（AIRSS）Standards - TP 12259.

② Arctic Shipping Pollution Prevention Regulations，C.R.C.，c. 353，附表 V、附表 VI、附表 VII。

③ Arctic Shipping Pollution Prevention Regulations，C.R.C.，c. 353，第 11 条。

④ International Association of Classification Society Requirements concerning Polar Class，IACS Req. 2011，http：//www.iacs.org.uk/publications/publications.aspx？pageid=4&sectionid=3.

⑤ 国际船级社协会极地级船舶统一标准在加拿大北极水域的适用，Bulletin No：04/2009. 来源 http://www.tc.gc.ca/eng/marinesafety/bulletins-2009-04-eng.htm.

⑥ Arctic Shipping Pollution Prevention Regulations，C.R.C.，c. 353，第 3 条和第 6 条。

际标准的并轨协调问题。

4）配备冰区导航员及海图的要求

为保证航海安全，加拿大还要求船舶需要在冰区导航员（qualified ice navigator）的协助下才可以进入航行安全区航行，包括①油轮的航行；②100 总吨以上的船舶在区域–时间表中 E 类船舶可通航时间之外的航行；③使用 AIRSS 系统航行的船舶。

有资质的冰区导航员须具备的条件是：①根据《加拿大航行法》，具备担任船长或甲板值班负责人的资格；②已经有至少 50 天担任船长或甲板值班负责人的经验；③其中 30 天必须是在北极水域作业，且期间船舶所处的冰况需要破冰船协助或必须进行调度以躲避危及船舶的密集冰区[①]。

西部途经麦克卢尔海峡的 1 号航道是西北航道中的主要深水航道[②]，其航运潜力最大，根据加拿大要求配备冰区导航员的规定，波弗特海北部、麦克卢尔海峡以及梅尔维尔子爵海峡均在应当配备冰区导航员的范围内，因此如果走深水航道，不可避免地要配备符合加拿大资质的冰区导航员。

所有加拿大船舶以及在北极水域航行的外国船舶都需要遵守 1995 年《海图及航海出版物规定》（Charts and Nautical Publications Regulations），否则不得在航行安全控制区航行。船长或船东应当保证船上备有该航行区域最新版本的海图、文件和出版物。

持有极地防污证书（Arctic Pollution Prevention Certificate）是遵守《防止北极航行污染规定》的证明，计划在航行安全区航行的船东或船长可以向加拿大的防污检查员或美国运输部等指定的其他国家机构或组织专职调查员申请取得，只有该船遵守了本规定的相关标准才可向其发放极地防污证书[③]。尽管证书的申请不是强制性的，但无防污证书的船舶，可能会被检查以核实其是否遵守了该法规。加拿大鼓励所有船舶在进入航行安全控制区航道之前就取得有效的极地证书。此证书在加拿大以外可由经认可的船级社颁发，也可在加拿大水域由管理机构颁发，证书应当标明颁发后的翌年 3 月 31 日期满。

5.1.2 船舶航行规则

加拿大最主要的一部海上航行管理法是 2001 年实施的《加拿大航行法》（Canada Shipping Act），其中防止污染和航行服务的规定也适用于在北极水域航行的外国船舶，由此建立起来的防止污染规则及船舶交通服务区制度对西北航道的航行影响最大。在此基础上，加拿大还通过了有关危险化学品、压舱水运输的

① Arctic Shipping Pollution Prevention Regulations, C. R. C. , c. 353，第 26 条。
② 这里的航线划分采用加拿大法兰德的观点，国内著作中也有引述。
③ Arctic Shipping Pollution Prevention Regulations, C. R. C. , c. 353，第 12~13 条。

具体规则。

5.1.2.1 船舶防污规则

《加拿大航行法》为海洋环境保护目的授权加拿大政府广泛的法规制定权，包括对污染物排放、运载、报告、压舱水管理、船舶设计建造标准等事项，适用于航行于加拿大水域（内水、领海）及其专属经济区范围内的所有船舶，包括外国船舶[①]。此适用范围与环境法规的授权都与《AWPPA》的规定一致，起到了相互补充的作用。基于此项授权，加拿大先后制定了许多船舶航行的环保规则。

2012年加拿大制定的《船舶污染和危险化学品规定》（Vessel Pollution and Dangerous Chemicals Regulations）是当前具体规范船舶污染物排放的规则，取代了2007年的《防止船舶污染物和危险化学品管理规定》[②]。如其序言中所述，这一法规建立的标准是对《防止船舶污染国际公约》（《MARPOL 73/78/97》）标准的补充。加拿大认为这些额外的补充标准符合公约和议定书的目的[③]。

法规禁止船舶排放特定污染物，即油类和油混合物、垃圾以及用于生物杀毒剂的有机锡化合物。有且仅有下列除外情形允许排放：①排放是为救助生命、保护船舶安全或阻止即将发生的损失；②排放是船舶或其设备损坏导致的航行事故的结果，海员通常操作之外的行动导致的事故除外；③排放是水下机械组件操作带来的最低限度、不可避免的油泄漏；④排放是合成渔网的附随性损失并采取了所有合理的预防措施防止损失发生；⑤排放是由于船舶或设备受损导致的垃圾排放，并在损害发生之前已经采取所有合理的预防措施防止和减少排放，在损害发生后采取相关措施最小化排放量；⑥排放是由于船舶或设备受损导致的空气污染，并在损害发生之前已经采取所有合理的预防措施防止和减少排放，在损害发生后采取相关措施最小化排放量[④]。

2006年《压舱水控制和管理规定》（Ballast Water Control and Management Regulations）适用于所有加拿大船舶以及在加拿大管辖水域范围内航行的外国船舶[⑤]，要求船舶必须随船携带并执行压舱水管理计划，并规定了在越洋航行和非越洋航行中压舱水交换的不同要求。对于从事越洋航行的船舶，原则上禁止将在加拿大管辖水域外加载的压舱水排放于加拿大管辖水域内，除非船舶在进入加拿大水域前、在距离加拿大海岸至少200海里、水深至少2 000米的地方已经进行了压舱水交换。对于因安全或稳定性原因未能遵守上述压舱水排放要求的船舶，可以将压舱水排放在指定的特殊排放区内。位于北方地区的排放区有两个：一是

---

① Canada Shipping Act，2001，S.C. 2001，c. 26，第190条。

② Regulations for the Prevention of Pollution from Ships and for Dangerous Chemicals，SOR/2007-86.

③ Vessel Pollution and Dangerous Chemicals Regulations，SOR/2012-69.

④ Vessel Pollution and Dangerous Chemicals Regulations，SOR/2012-69，第4~5条。

⑤ Ballast Water Control and Management Regulations，SOR/2011-237，第2条。

位于哈德逊海峡西经 70 度以东水深超过 300 米的一个区域，另一个是位于兰开斯特海峡西经 80 度以东水深超过 300 米的一个区域①。对于非越洋航行，压舱水交换应当在进入加拿大水域前、离海岸至少 50 海里、水深至少 500 米的区域进行②。

5.1.2.2 交通服务区和强制报告规则

《加拿大航行法》建立了交通服务区（Vessel Traffic Service Zones）制度，对通行船舶提出了报告、提交信息、保持通信等方面的要求。具体来说：①船舶在进入、离开或航行于一个船舶交通服务区时要提前取得通关；②只有在保持与海上通信和交通服务官员直接通信的情况下才可前进；③要服从海上通信和交通服务官员的指示，应其要求提供相关信息，按其指示与岸上站点进行通信，或进行其他航行操作③。

受海冰消融、资源开发、旅游活动增加的综合影响，近年来通行加拿大北方海域的船舶数量有大幅增长的趋势④，北极航运活动可能带来的风险、挑战推动了北极沿海国家、北极地区及国际社会北极航运政策的发展和变化。加拿大国内方面，2013 年通过法规建立了北方船舶交通服务区（NORDREG），要求 300 总吨以上、运输污染物或危险货物的船舶在进入交通服务区之前，或航行过程中以及离开时均应当向加拿大交通系统报告信息。这一强制报告机制取代了实施多年的非强制性的报告系统⑤。这一政策出台当即受到美国等国家的质疑，认为加拿大实施强制报告机制需经过国际海事组织的批准，而加拿大援引《国际海上人命安全公约》第 5 章中保留条款的规定，主张《联合国海洋法公约》第二三四条的权利优先于海事公约的相关规定。

加拿大较早通过《船舶交通服务区规定》和《加拿大东部船舶交通服务区规定》，在其西海岸和东海岸建立起了强制性的航行安全区制度，详细规定了船舶通信和报告时间、操作标准、程序等要求。而加拿大北极水域长期使用自 1977 年引入、非强制性的交通系统 NORDREG，2010 年《加拿大北方船舶交通服务区规定》（Northern Canada Vessel Traffic Services Zone Regulations）的出台改变了 NORDREG 的自愿性质，报告成为通行北极水域船舶的强制性要求。

---

① Ballast Water Control and Management Regulations，SOR/2011-237，第 6 条。

② Ballast Water Control and Management Regulations，SOR/2011-237，第 7 条。

③ Canada Shipping Act，2001，S. C. 2001，c. 26，第 126 条。

④ 据统计，通行西北航道的航次从 20 世纪 80 年代每年 4 次增长到 2009-2013 年的每年 20～30 次。参见“7. 3 Trends in shipping in the Northwest Passage and the Beaufort Sea”，http：//www. enr. gov. nt. ca/state-environment/73-trends-shipping-northwest-passage-and-beaufort-sea，Accessed on 10 Apr. 2016.

⑤ 加拿大主张这一措施的出台是为了确保对当前和未来海上交通提供最有效的服务的目的，并且符合有关冰封区域的国际法。“Vessel Traffic Reporting Arctic Canada Traffic Zone”，http：//www. ccg-gcc. gc. ca/eng/MCTS/Vtr_ Arctic_ Canada，Accessed on 10 Apr. 2016.

该规定建立的北部加拿大交通服务区在范围上覆盖并超过了航行安全控制区的范围，适用的船舶范围包括：①300 总吨及以上的船舶；②拖方与被拖方的总重为 500 总吨及以上的拖航作业中的拖方；③装载污染物或危险货物的船舶或拖带该类货物船舶的拖方①。

进入北方交通服务区应当根据航行情况提供相应的报告。各种报告涵盖的项目有船舶名称、船旗国、IMO 编号等基本信息，船舶所在地理位置及具体日期和时间、航速，最后一个挂靠港，进入北方交通服务区或离港的大约日期和时间，目的地和预计到达时间，计划路线，离开服务区或停泊的大约日期和时间，船舶目前最大静态吃水，货物的介绍，船舶或其机械、设备等存在的缺陷、损坏及妨碍船舶正常航行的情况，气候和冰情的介绍，船舶的法定代表人、代理人或船东，船上人员数量，存油量，北极防污证书，船舶冰级等信息②。

总体来看，加拿大在北极航运和海洋环境保护方面的国家实践呈现以下几个特点：一是国内法规变化不大，仍以 20 世纪 70 年代确立的防污法规为重心，但在交通管控方面有所加强；二是北极海洋环境保护和航运管控成为加拿大实施北极主权的重要途径和方式；三是对促进北极航道的通航热情不高，以防范北极通航可能带来的风险和挑战为主，没有形成完整系统的北极航道或北极航运愿景规划或政策；四是积极参与区域性和多边外交活动，加强北极海域的海事合作，推动北极航运和防污国际规则的制定，同时坚定维护冰封区域沿海国的特殊管辖权。上述特点的形成有其客观原因，即西北航道自然通航条件不佳，北极海冰消融甚至会造成部分航段浮冰聚集，航行风险加大，生态环境脆弱。此外，加拿大北极航道的港口、补给站、航标、海图等基础设施和助航设备广泛缺乏，综合航运保障和服务能力不足，导致包括加拿大航运业在内的利益集团对北极航道的通航期待普遍不高，也是影响航运业积极性的重要原因。另一方面，加拿大受冷战时期以来形成的北极安全和主权观念的影响，对北极海域和航道安全较为敏感；加之，加拿大主张北极航道沿岸的群岛水域为其内水，享有完全主权，北极商业通航的实现会对加拿大主张群岛水域的主权带来一定威胁。安全和主权利益的考虑进一步强化了加拿大对开放和推动北极航道通航的谨慎保守态度。

5.2 俄罗斯的北极航行管控制度

苏联时期北方海航道被当作国内运输水道，不对外国船舶开放，直到 20 世纪 80 年代末，苏联才正式发出开放北部海航道的倡议，并陆续出台《北方海航道海路航行规则》和有关破冰船领航、引航员引航、船舶设计装备和必需品的专

① Northern Canada Vessel Traffic Services Zone Regulations，SOR/2010-127，第 2~3 条。

② Northern Canada Vessel Traffic Services Zone Regulations，SOR/2010-127，附表，另见 http：//laws-lois. justice. gc. ca/eng/regulations/SOR-2010-127/page-5. html#docCont.

门技术规则。这一系列规则是北部海航道管理制度的法律基础，制定以来20年间没有发生重大变化。近年俄罗斯通过修正案对涉及北方海航行的主要法律做了修订，并自2013年起生效，航道管理制度更加规范。

5.2.1 俄罗斯北方海航道管理制度

新修订的俄罗斯联邦《商业航运法》（Merchant Marine Code of the Russian Federation）增加了第5.1条款，专门对北方海航道水域的航行做了法律制度层面的规定，包括管辖范围、航行规则的目的和内容、管理机构及其职责、航行许可制度等，位于总论“国家对商业航运的控制和监管规定”部分，具有明显的公法色彩。

5.2.1.1 北方海航道水域的地理范围

2013年以前，俄罗斯对北方海航道范围的定义模糊不清、存在争议。1990年《北方海航道海路航行规则》（Regulations for Navigation on the Seaways of the Northern Sea Route）第1.2条规定，“北方海航道，位于苏联北方沿岸内水、领海（领水）或专属经济区内的苏联国家交通干线，包括适宜冰区领航的航道。西起新地岛诸海峡的西部入口和北部热拉尼亚角向北的经线，东至白令海峡北纬66度与西经168度58分37秒交汇处”①。定义中没有界定航道范围的北部界限，尽管提到位于内水、领海或专属经济区内，然而又并列了包括适宜冰区领航的航道的规定，使得航道北部海域范围存在不确定性。俄罗斯规则的管辖范围有可能突破200海里专属经济区扩展适用于部分公海，西部范围中是否包括巴伦支海东南冰封水域也不清晰（Franckx E，2008）。

对比新《商业航运法》的定义，俄罗斯主张管辖的北方海航道的范围得到澄清。“北方海航道的水域是指毗邻俄罗斯联邦北部海岸的水域，由其内水、领海、毗连区和专属经济区组成，东起与美国的海上划界线及其到杰日尼奥夫角的纬线，西至热拉尼亚角的经线，新地岛东海岸线和马托奇金海峡、喀拉海峡和尤戈尔海峡西部边线”②。这里明确界定航道水域范围由俄罗斯内水、领海、毗连区和专属经济区组成，明确排除了北方海航道航行制度对公海的适用，东西北部界限都得到了明晰。

5.2.1.2 北方海航道航行制度适用的船舶范围

《商业航运法》对北方海航道航行法律制度的规定澄清了适用范围中的地理

① 本节规则和法案的英文版来源于 Northern Sea Route Information Office http://www.arctic-lio.com/.

② The Merchant Marine Code of the Russian Federation, Clause 5.1 Navigation in the water area of the Northern Sea Route.

范围，但未对作为被管理客体的船舶的范围作出特别说明，这种情况需要参考法案对客体船舶适用范围的一般性规定。《商业航运法》是一部综合调整海商海事法律关系的法案，尽管名称叫商业航运法，但其适用对象却不同于我们传统意义上的商业航运。

从船舶从事的活动看，根据法案的规定，该法案规范商业航运中发生的法律关系，这里的商业航运是指利用船舶进行如下活动：货物、乘客及其行李的运输，捕捞海洋生物资源，勘探开发海床和底土上的矿产及其他非生物资源，引航或破冰船护航，搜寻、救助及拖航操作，打捞沉没财产，水利工程或水下工程操作，卫生检疫及其他控制措施、海洋环境的保护和保全、开展海洋科学考察、教育、运动、文化目的及其他目的。

从船舶自身的法律性质看，该法案及相关法规管辖航行于海道包括内水水道的船舶，除特别说明外不适用于军舰、海军辅助船及其他国家所有或操作的、仅用于政府非商业目的的船舶及国有非商业性货物。即使法案明确规定某些条款适用于此种船舶，这种规定也不应作为没收、逮捕或滞留涉案船舶及货物的依据。

综合上述规定看，进入北方海航道水域航行的船舶，除军舰及其他公务船舶外，开展其他活动的所有船舶均要受到俄罗斯联邦《商业航运法》及《北方海航道海域航行规则》的管辖。

5.2.1.3 航行管理机构及其职责

根据航行规则，通行北方海航道的船舶应提前将航行计划告知管理局，提交引航请求，并提供能够支付破冰协助费用和海洋环境污染造成民事责任损害的财务证明①。这一时期北方海航道管控的核心是强制性的领航制度，通行船舶自身须达到规定的抗冰等级，船壳、机件、废水处理设备等也要满足特殊的要求。除此之外，船舶在通行 4 大海峡时必须接受强制性破冰船领航，航行于其他航道海域时，海上操作中心也会指定航空、传统、破冰船等任意一种类型的领航②。管理局通过海上操作中心全程管控和引导船舶的航行，通行船舶必须遵循海上操作中心指定的海道，并按照固定费率对这种强制领航服务缴纳高额服务费③。管理局可在有安全风险和污染风险时对船舶进行检查，并有权在该规则被违反时采取强制措施使船舶离开北方海航道④。实际上，俄方在北方海航道实行的是一种内水化的航道管理，意图将整个航道主张为其国内水域，从而实行完全的控制和管辖。这种管控缺乏国际法的支持，被指责违反了《联合国海洋法公约》收费制度的范围，也超越了海洋法赋予沿海国在领海的保护权（刘惠荣，林晖，2009），

---

① 1990 年《北方海航道海路航行规则》第 3 条和第 5 条。
② 1990 年《北方海航道海路航行规则》第 7 条。
③ 1990 年《北方海航道海路航行规则》第 8 条。
④ 1990 年《北方海航道海路航行规则》第 10 条。

对专属经济区管辖权的突破则更为严重。

作为推行和实施俄罗斯新北极政策和远景规划的重要组成部分，2012 年俄罗斯修订了有关北方海航道的联邦立法。新法坚持北方海航道是历史形成的俄联邦国家交通干线的立场，但在范围上限定了北方海航道的北界，与 200 海里专属经济区北部界限一致（张侠，屠景芳，钱宗旗，等，2014）。在管理机构上，新法重新设立联邦机构级别的北方海航道管理局①，全面负责北方海航道的通航事务。俄罗斯设立了统一管理北方海航道航行事务的北方海航道管理局，不同于此前的航道管理局，它是以保障航行安全和防止船源污染为主要目标的联邦国家机构。具体职责包括：接受航行申请、审查申请及发放航行许可；监测水文气象、冰情与航行条件；批准航行设备的安装及水道调查的区域；提供北方海航道航运安排、航行安全要求、航行水文协助、冰区引航相关的信息服务；为航道的计划和破冰船的适用提供建议；便利搜救操作的安排；对负责冰区引航的人员发放证书，许可冰区引航；协助清除船源污染的操作②。航行申请获得批准的条件为船舶要遵守与航行安全和海洋环境保护有关的要求和航行规则，并提交保险证明，这些要求和规则的来源包括俄罗斯联邦加入的国际协议、俄罗斯联邦的法律以及依据本条第二款制定的北部海海域航行规则③。

5.2.2 北方海航道的航行规则

新《北方海航道海域航行规则》建立了北方海航道航行的许可、航程中的报告、准入期间和区域、破冰船领航与引航员冰区引航等规则。

5.2.2.1 航行申请—许可规则

计划在北方海航道水域航行的船舶，须由其船主、船主代表或船长向北方海航道管理局提交申请表，管理局审核后授予航行许可。申请表本身包含申请船公司及个人的双重信息，以及申请人对遵守俄罗斯北方海航行规则的承诺。作为附件，申请人还要提交该规则附件 1 中的船舶与航程信息、船舶入级证书、吨位证书、船舶污染损害、其他损害民事责任保险或其他资金证明等文件。

提交申请表和附件材料应至少比船舶计划进入北方海航道水域的日期提前 15 个工作日，管理局应当自接受申请之日起 10 个工作日内审查申请。对授予许可的船舶，管理局应当在做出许可决定之日起 2 个工作日内在其官方网站上公布被许可船舶的名称、船旗、IMO 编号、许可起止日期、航行线路（航行区域）、破冰船协助等相关信息。对拒绝批准的决定，管理局要向申请人发送通知，说明

---

① http：//www.nsra.ru/en/celi_ funktsii/, 2016-4-5.

② Object of activity and functions of NSRA http：//www.nsra.ru/en/celi_ funktsii/ 访问时间 2014-12-18。

③ The Merchant Marine Code of the Russian Federation, Clause 5.1 Navigation in the water area of the Northern Sea Route.

拒绝的理由，并公布在官网上。获得航行许可的船舶必须在许可有效期限内开展航行，超过期限终止日期的，船长应当立即将情况报告给管理局，并按照管理局的指示说明违反期限的原因。

5.2.2.2 航行报告规则

获得航行许可的船舶，在航行前后及整个航行过程中均要履行相应的报告义务。具体来说，从西部进入北部海航道的船舶，应当在到达东经33度（即西部边界）之前，从东部进入北部海航道的船舶，应当在到达北纬62度和（或）西经169度（东部边界）之前，72小时向管理局报告船舶计划到达北方海航道边界的时间，并提交包括船名、IMO船舶编号、目的港或目的地名称、船舶的最大吃水量、装载货物的类型和吨位量、是否运载危险货物及其数量和级别、报告时的燃油储量、报告时船舶自身的淡水补给量、食物储量及其他种类供应品、船员和乘客的数量、船舶机械及设备故障的信息。如果船舶驶离海港到达北方海航道西部或东部边界的航程不足72小时时，则在离开海港后应立即做上述报告①。履行完上述报告程序的船舶，其船长还要在到达东西边界时提前24小时再次通知管理局船舶进入北方海海域的计划时间②。从北方海航道海域范围内的俄罗斯海港出发的船舶，其船长应立刻通知管理局并提交上述要求报告的信息；从内水水道进入北方海航道水域的船舶，船长在入口处要遵循相同的通知和报告程序③。

船舶进入北方海航道西部或东部边界时，船长要向管理局通知其进入该海域的计划时间、地理坐标、线路及报告时的航速；船舶进入航道水域后，船长要通知管理局实际进入的时间、地理坐标、线路及报告时的航速④。进入北方海航道水域的船舶，在离开航道之前，莫斯科时间每天的中午12点要向管理局报告航程的有关情况⑤。

船舶完成航行，离开北方海航道水域时，船长还应通知管理局实际离开的时间、地理坐标、线路和报告时的航速。如果船舶完成航行后要在俄罗斯北方海航道水域内的海港停靠，则船长还要在船舶停靠后立刻通知管理局靠港的时间及海港的名称⑥。

5.2.2.3 船舶准入期间—区域规则

俄罗斯北方海航道管理局在对航行申请做出是否批准的决定时，很关键的一

---

① Rules of navigation on the water area of the Northern Sea Route，2013，第14条。
② Rules of navigation on the water area of the Northern Sea Route，2013，第15条。
③ Rules of navigation on the water area of the Northern Sea Route，2013，第16和17条。
④ Rules of navigation on the water area of the Northern Sea Route，2013，第18和19条。
⑤ Rules of navigation on the water area of the Northern Sea Route，2013，第42条。
⑥ Rules of navigation on the water area of the Northern Sea Route，2013，第20条。

个衡量标准是航行规则附件 2 中对不同极地级别船舶规定的航区准入标准[①]。

无抗冰能力的船舶只能在无冰区域内独立航行，对喀拉海西南部和东北部，拉普捷夫海西部和东部、东西伯利亚海的西南部和东北部以及楚科奇海域，无论冰情轻重均不得航行，而油轮、运载天然气和化学物质超过 1 万吨的船舶即使在无冰区航行也需要破冰船的协助且仅限 7 月至 11 月 15 日。

冰级 1~3 级船舶在北方海航道航行的期限为 7 月至 11 月 15 日，冰情较轻时，3 个级别的船舶均可在上述海域独立航行或在破冰船协助下航行，2 级船舶在破冰船协助情况下可以在冰情中等时航行，3 级船舶甚至在冰情较重时仍可航行。冰情的轻重情况，依据俄罗斯水文气象局的预报事先确定。冰级 6 级以上船舶 7 月至 11 月可在北方海航道开展独立航行，冰级 4~9 级的船舶在 1 月至 6 月以及 12 月也可根据冰情在上述海域开展航行，级别越高的船舶航行期间越长，受冰情严重程度的限制也越小。对于有冰级加强的破冰船，9 级破冰船全年均可通行北方海航道，没有时间和冰情的限制条件，6~8 级破冰船 7 月至 11 月可开展独立航行，剩余月份的航行时段会根据冰情的不同受到限制。

5.2.2.4 破冰船及冰区引航员助航规则

管理局批准航行申请时，需要根据上述准入期间和区域要求，确定和公布被许可船舶的航行期间、航行水域以及是否需要破冰船协助等信息。根据北方海航道海域航行准入期间表，各冰级船舶均存在独立航行的可能性，冰级越高，独立航行的期间和区域也越广，这就改变了在 4 个海峡甚至北方海航道全区域实施强制性破冰船领航的旧规则和实际做法（张侠，屠景芳，钱宗旗，等，2014）。

这与俄罗斯新《商业航运法》中的内容是一致的，在法律层面，法案对破冰船和引航员引航均没有提出强制引航的要求。在需破冰船提供服务的情况下，尽管规则只允许俄罗斯籍的破冰船在北方海航道水域提供破冰服务，但其费用已经由从前的固定费率修改为综合考虑船舶吨位、级别、护航的距离和期间等因素确定，这种与实际提供的服务相挂钩的收费制度较之前的规定有了很大改进[②]。而且，破冰船提供协助的起止地点和时间点由船主和提供服务的一方协商确定，淡化了官方的强制性色彩。

对于冰区引航员的引航协助，2013 年俄罗斯新航行规则做了更加细致的规定。首先，冰区引航员的资格要求包括：①有在吨位达 3 000 吨以上船舶上担任船长或主要人员 3 年以上的经历；②船长任职期间至少有 6 个月冰区航行的经

---

① 时间表查考航行规则附件，也可从北方海管理局下的信息办公室网站中获取。http://www.arctic-lio.com/nsr_iceclasscriteria.

② 对旧规则的评论参见：刘惠荣，林晖. 论俄罗斯对北部海航道的法律管制. 中国海洋大学学报(社会科学版)，2009，(4)：6-10。

验；③同时要成为北方海水域提供冰区引航服务机构的工作人员①。其次，引航期间，引航员可针对下列问题向船长提出建议：①冰情评估及船舶此条件下安全航行的可能性；②选择船舶航行的最佳线路以及船舶冰区独立航行的相关方案；③为使船舶避免碰撞海冰等危险，选择操作船舶的速度和方式；④在破冰船护航时，与其他船舶保持安全速度和距离的方法；⑤执行破冰船船长指示的操作②。同时，引航员在引航期间有权使用船上的通信设备、所有的航行设备，可以从船长那里获取船舶构造、操作以及航行机械设备现状的信息③。

5.2.2.5 防止船源污染和保护航行安全的规则

船舶不得将残油排放到北方海航道水域④，且应当遵守下列要求：①船上应配有与船舶动力和航程相匹配的充足的收集残油的存储舱或储存容量；② 应当配有与航程相匹配的充足的收集船舶操作产生废物的存储舱；③不考虑航行中的补给，配备充足的燃料、淡水和其他必需品；④11 月、12 月以及 1 月至 6 月期间航行时，应加热毗邻外侧操作水线的压载舱⑤。

船舶在北方海航道水域航行时，需要在船上携带航行规则、海图和使用手册、其他补充应急设备，包括极夜航行时配备 1 个至少 2 千瓦组功率的探照灯，1 组可安装在船舶船体前半部或在精度驾驶台两翼上的备用灯，每人 1 套御寒保暖服和 3 套备用服等⑥。

对比 20 世纪 90 年代初的北方海航道旧规定，俄罗斯北方海航道航行规则的改革重点是：明确了通行许可制度，弱化了此前破冰船强制引航的规定，助航服务费由强制收费改为商定收费。依据 2013 年《北方海航道水域航行规则》(Rules of Navigation on the Water Area of the Northern Sea Route 2013)，计划进入北方海航道水域的船舶须提前向北方海航道管理局提交申请及证明材料。管理局审核其遵守国际公约和俄联邦国内法的要求后发放许可⑦。新的航行规则设置了不同抗冰能力的船舶进入各海域的时间和冰情条件，有条件的允许冰级加强船舶在无需破冰船协助的情况下独立航行⑧。这就打破了僵化的破冰船强制性领航的旧规，使船舶能够根据实际需要使用破冰服务。新规取消了船长缺乏冰区操作经验

---

① Rules of navigation on the water area of the Northern Sea Route，2013，第 33 条。

② Rules of navigation on the water area of the Northern Sea Route，2013，第 34 条。

③ Rules of navigation on the water area of the Northern Sea Route，2013，第 36 条。

④ Rules of navigation on the water area of the Northern Sea Route，2013，第 65 条。

⑤ Rules of navigation on the water area of the Northern Sea Route，2013，第 61 条。

⑥ Rules of navigation on the water area of the Northern Sea Route，2013，第 60 条。

⑦ The Merchant Marine Code of the Russian Federation，Clause 5.1 Navigation in the water area of the Northern Sea Route.

⑧ 时间表见 2013 年《北方海航道水域航行规则》附件 2。根据其规定，冰级 1~3 级船舶在北方海航道航行的期限为 7 月至 11 月 15 日，冰情较轻时，3 个级别的船舶均可在上述海域独立航行或在破冰船协助下航行，2 级船舶在破冰船协助情况下可以在中等冰情时航行，3 级船舶甚至在冰情较重时仍可航行。

时指定俄籍冰区引航员登船引航的规定，但船长冰区操作经验仍然是实际审批航行许可时的参考因素。另外，助航服务费的收取出现了较大改革，破冰服务和冰区引航的费用不再按照不合理的固定费率，依赖于实际提供的服务，按照船舶航行时间、船舶吨位、冰级、引航距离等因素具体确定应当缴纳的服务费，从而实现了从固定费率到差别收费、从强制收费到商定收费的改革。

总体来看，修订后的北方海航道航行规则改革了旧规的弊病，在申请批准程序上更加便捷，许可标准更加透明，放宽了强制性破冰助航的规定，收费标准趋于合理。但俄罗斯对北极航道航行管控的内水化本质没有改变，通行北方海航道必须经过批准。航道管理局对决定是否有必要提供破冰船或者引航员冰区助航服务依然掌握较大的裁量权，船舶须全程提供航行报告，俄罗斯对其北极水域仍然保持有严密的管控。

5.3 加拿大与俄罗斯航行管控比较

5.3.1 差异化的北极水域航行管控体制

加拿大对西北航道的管控最初源于扩大对北极水域的管辖，鉴于当时的国际法律和政治环境下直接提出内水主张会招致美国这一同盟邻国的极力反对和对抗，不得已转向低政治敏锐性的海洋环境保护，作为加强北极水域管辖权的切入点。继《AWPPA》出台后，加拿大以其为依据陆续制定了大量的具体规则和标准，对进入北极水域航行船舶的制造标准、操舵器械、设备、海图等出版物、无线电通信、航行期间和区域等提出了具体要求①。加拿大没有专门的北极航道或北极水域航行法规，也无一个北极航道或像北极水域航行管理局似的机构统一管理进入其北极水域船舶的航行活动，也因此并未建立一个如俄罗斯一样的事前航行许可制度。加拿大对北极水域的航行管控主要依赖密集的环保法规和交通法规，尤以严苛的防污和环保法规最具特色，建立起较完备的防污标准、检查制度、报告制度控制北极水域的航行。

俄罗斯自苏联时期始便将北方海航道视为一条国内运输通道，深谙北方海航道对经济发展和军事国防具有重要战略价值，很早就建立起专门的机构管理北方海航道的航运活动（郭培清，管清蕾，2009）。此后发出向国际航运开放北方海航道的倡议，并制定了专门的规则管理所有进入北方海航道水域航行的船舶。近期制定《关于北方海航道水域商业航运的俄罗斯联邦特别法修正案》的行动更显示了俄罗斯通过规范北方海航道及其所在海域航行制度以强化对北方海域控制的意图。且无论是1991规则还是刚颁布的新规则，俄罗斯对北方海航道水域的

---

① 相关法规的列表见 http：//laws-lois. justice. gc. ca/eng/acts/A-12/.

航行均实行许可制度，船方要向俄罗斯北方海航道管理局提交航行申请，获得批准以后方可进入该水域；许可的标准为是否满足了有关航行安全和海洋环境保护的俄罗斯缔结的国际条约、俄罗斯法律和航行规则的要求。可见，俄罗斯是通过持续推进北方海航道航行管理加强对北极水域的管辖和控制。

加拿大和俄罗斯分别作为西北航道和东北航道的沿海国，由于两条航道海域的自然环境状况、通航条件以及两个沿海国航道控制能力不同，两国管控的侧重点有所不同。加拿大通过建立北极水域交通服务区加强了对船舶通航的全过程管控，重在预防不安全的航运发生引发海洋环境生态灾难，环境保护始终是其宣扬的目标；俄罗斯调整原有的北方海航道航行规则，改变饱受诟病的强制性引航和高额服务费等规定，目的在于回应航道使用者的诉求，改善航道管理，进一步推动北极航道的国际通行，进而带动其北方地区的发展。这在两国的北极政策和战略中均有所体现。

5.3.2 趋同的北极水域航行管控制度

尽管加拿大和俄罗斯对北极航行活动的管控目的和管理体制侧重点不同，但在近年来管理规则调整中，加拿大和俄罗斯的国家实践一定程度上出现趋同。

首先表现为两国的管辖海域制度与《联合国海洋法公约》的规定日趋一致，管辖海域范围和性质得到明晰。适用于加拿大北极海域的《北极水域污染防治法》100 海里的管辖范围延续了近 40 年，2009 年才修订为 200 海里专属经济区，而这期间国际上领海范围从最初的 3 海里发展到 12 海里，专属经济区制度从无到有，100 海里的管辖区的性质始终略显尴尬，当前加拿大将北极水域范围扩展至专属经济区外部界限，一定程度上是为了强化海域管辖。2013 年《北方海航道海域航行规则》出台前，俄罗斯北方海航道的范围尤其是北部界限存在争议，新法案澄清了航道所在水域也即俄罗斯航道管辖的地理范围，从其北部海岸向北延伸至专属经济区边界，管辖海域的性质也得到重申。目前，两国对北极海域航行活动的管辖范围均已最大化。

其次，加拿大和俄罗斯具体的管控措施有很大相似性，基本上反映出北极沿海国规制北极航行活动的普遍做法。两国对船舶废物的排放也提出了高于当前国际标准的要求，还建立了类似的破冰船和导航员冰区引航制度。尽管两国北极航道的立法重点、管理体制有所不同，但从分析其具体的管理措施可见，两国在北极航道的法律规制上逐渐走向统一。

（1）加拿大和俄罗斯两国均对在北极水域航行的船舶设立了准入制度。两国首先有一套其认可的船舶极地级别系统，在此基础上，根据各区域冰情状况的差异对不同级别船舶规定了通航的进出时间限制。加拿大的具体方案是根据航行条件的优劣将北极水域统一划定为 16 个航行安全控制区，冰情越差的区域通航船舶的抗冰能力要求越高，通航时间也相对较短。俄罗斯则是直接将 4 个北方边缘海分成了 7 个部分，对不同冰级的船舶规定了独立航行或破冰船破冰领航的月份时间，在此期间内，又考虑到了冰情实际情况及其变化，规定了特定船舶是否可以通行。实际上，俄罗斯的这个准入规则融合了加拿大传统的时间—区域系统和灵活的 AIRSS 系统，兼具稳定性与灵活性。此外，两国认可的船舶冰级系统有所不同。加拿大认可芬兰—瑞典冰级和加拿大自己的北极级别，同时对 IACS 出台的极地级别加以认可和安排；而俄罗斯在新规则中，采用的是俄罗斯海船入级建造规则认定的船舶标准，包括 9 级冰区加强船舶以及 3 级破冰船。尽管在船舶分级系统上存在差异，但是两国以冰情状况为理由限定船舶进入其北极海域的制度却是完全一致的。

（2）加拿大和俄罗斯两国均实行强制性航行报告制度。计划在两国北极海域航行的船舶，在航行前后及过程中均要向相应的交通管理部门报告航行的具体情况，并保持无线电通信的实时沟通，此种交通管理的主要目的是为保障航行安全提供交通服务，客观上起到了加强沿海国对管辖范围内船舶航行管控的作用。进入加拿大北方船舶交通服务区的船舶需要向北方交通服务区提交航行报告，报告内容涵盖船舶、航程、货物等各方面信息；海上通信和交通服务官员有许可通行、指示船舶提供相关信息和航行等的权力，但这种权力是一种交通管制权，而不同于内水制度中沿海国享有的航行许可权。俄罗斯对报告程序的规定更为细致：航行在北方海航道水域航行的船舶在航行申请获得许可后，须提前 72 小时向管理局提交详细的航行报告，24 小时再次确认报告时的航行情况，即将通过航道水域边界，或进入之后、离开之前的每一天均要报告航行的相关情况。这种更为严密的交通管控得益于俄罗斯相对强大成熟的北方海航道控制能力。

（3）加拿大和俄罗斯两国均规定了冰区引航制度。针对冰区航行存在的潜在危险，加拿大要求油轮以及采用 AIRSS 系统航行的船舶应当配有具备冰区航行经验的导航员，俄罗斯则依据船长或其他操作人员具备冰区航行经验的情况，指定引航员提供冰区引航。加拿大要求冰区导航员应当有 30 天以上的冰区导航经验。俄罗斯新规则中要求冰区引航员应当至少有 6 个月的冰区航行经验。但无论标准高低，事实上进入加拿大海域的船舶依赖加拿大籍导航员为其服务①，进入俄罗斯海域的船舶依赖俄罗斯的引航员引航。凭借冰区航行的先进经验以及对北极海区地理和冰情状况的了解，冰区导航制度也成为北极沿海国管控航行的有效途径。关于破冰船领航，俄罗斯改变了之前有关通行 4 个主要海峡必须接受破冰船领航的要求，根据海域冰情规定了破冰船领航的条件和情形，并根据实际领航服务的情况收取费用。加拿大也将破冰引航作为一种航行安全服务提供给进入北

① 从加拿大交通部的一份研究报告也可看出为外国船舶服务的冰区导航员主要为加拿大籍，Hours of work and rest of Canadian ice navigators on board foreign-registered vessels in Arctic waters（TP 13207E）.

极水域的船舶，而非强制性要求。

(4) 加拿大和俄罗斯两国均严格控制污染物的排放。加拿大在北极水域实行废物零排放制度，除例外情况以外，禁止船舶排放任何废物。这里的废物定义非常宽泛，违反规定的船舶包括外国船舶将面临起诉并承担严格的民事赔偿责任。加拿大还在《MARPOL 公约》的基础上制定了专门的船舶污染物和危险化学品的规则标准，压舱水的交换规则，等等。俄罗斯要求进入北方海航道水域航行的船舶遵守俄罗斯缔结的国际公约、俄罗斯有关防污环保的法律法规，排污标准按照《MARPOL 公约》中特殊区域的标准，在北方海航道水域航行规则中也明确禁止残油的排放，并要求船舶配有充足的残油、废物存储舱。

从上面特点看，加拿大和俄罗斯对北极航道的管控有逐渐强化的趋势。如上文分析，两国管控北极航行活动的地理范围已经扩展到其管辖海域的外围，尽管理论上“冰封区域”条款界定的冰封区域在海冰持续消融的现实背景下应当收缩，但航道沿海国却在扩展其管控的范围。另一方面，从直接限制污染物排放到提出适用冰区航行的船舶设计和建造标准，从要求冰区引航到要求全程航行报告，沿海国对船舶通航北极航道的管控可谓全方位、无缝隙，难免有扩张适用“冰封区域”条款特殊授权的嫌疑。

沿海国对北极航道的法律规制是北极航运法律秩序的重要组成部分，它的发展和完善对促进安全高效的北极航运以及北极航道的和平开发利用具有重要意义。随着北极航道通航条件的不断提升，北极沿海国对其航行法律制度做出了及时调整。总体上看，加拿大和俄罗斯对通航船舶实施的管控措施趋同，管控力度强化。

5.4 北极区域海事合作治理功能及其进展

北极航运治理体系由一个复杂的、多层次的规制框架构成。全球治理层面主要由《海洋法公约》确定的管辖框架以及国际海事组织制定的海事规则组成，北极沿海国国家层面的管控是对国际规则的重要补充，而区域合作提供了落实全球标准、实现有效管控的中间环节。北冰洋气候条件恶劣，存在大面积冰封区域，与其他开放海域相比，人类开发利用北冰洋及其资源面临更大的安全和环境风险，需要在多边和区域层面开展海上合作，将加强船舶通航、海事安全、环境保护等政策法规的协调与实施。

5.4.1 北极区域航运治理的功能

北极国家开展区域合作的治理功能主要体现在提供可靠的科学知识、规则政策协调、加强区域海上基础设施建设、拓展规则执行机制等方面。

北极理事会北极海洋环境保护工作组（PAME）对北极航运活动及其产生的

环境影响进行了大量的评估工作，并发布了2009年《北极海上航运评估报告》①。这个报告是许多国家的科学家历时5年合作完成的成果，充分发挥了北极理事会成立以来建立和积累起来的极地专家网络的便捷性，代表了关于北极航运及其影响的权威知识。报告发布时正是国际社会关注北极海冰融化、对北极航运抱有乐观期望的时期，无论是航运产业界还是国家政府都需要有关北极航运活动现状及未来预期的可靠信息，北极理事会通过工作组跨国科学合作提供了针对北极航运活动的相关知识和政策建议。《北极海上航运评估报告》考察了北极海上活动的自然条件、历史、法律、环境影响和基础设施状况，提出了提高北极航行安全、保护北极居民和环境、建设北极海上基础设施的行动建议。这些政策建议推动了北极国家在国内和国际层面采取相应措施保障安全和环保的航行活动，如加强北极水域基础设施建设，在国际海事组织体系内积极推动制定具有强制拘束力的极地航行规则，达成海事安全合作协议等，加速了北极航运的治理进程。

北极航运区域合作在海上搜救和溢油应急反应等领域发挥着加强北极海上基础设施、提升实际操作能力的功能。国际海洋法及国际环境公约多为框架性公约，许多规定十分原则性，需要各国采取具体措施通过进一步合作才能贯彻实施。《联合国海洋法公约》是现代海洋法的核心，作为一个框架性公约，它规定各国应在适当情况下合作设立区域或分区域的渔业组织，以养护和管理公海内的生物资源；各国应在全球和区域基础上合作制定有关保护和保全海洋环境的国际规则，并考虑到区域特点②。北极海上交通运输量有所增长，用于资源开发活动的大型散货船通常使用或装载重燃油，一旦泄漏会给极地环境带来重大污染，游船也倾向于开往海冰附近等危险的环境中，海上突发事故发生的可能性提升，需要沿海国配备充足的应急反应和救援装备及能力。然而，北极航线沿线基础设施并不能满足这种需求，加拿大和俄罗斯在北极水域配备的用于应对溢油突发状况的船舶、航空器和专门设备不足，格陵兰沿岸的搜救装备严重缺乏。北极理事会设立了应急预防准备和反应任务组，制定了一些溢油应急的实地指南、海岸线清理评估技术手册以及有关沿海各国应急系统和联络点信息的指南。挪威与俄罗斯之间的搜救和溢油反应合作已经有很长时间的历史了，巴伦支地区也开展过一些搜救训练演习。在双边、多边和次区域层面的国际协作机制基础上，8个北极国家签署了《北极海空搜救合作协议》，划定了责任空间范围，提升了国与国之间的通信便利，并确定了救援操作期间的跨境程序。

规则执行是保障北极航行安全的重要环节，国际海事规则主要依赖成员国进行执法核查、审查以及处理不遵守的情况。由于国际海事组织内部缺乏强制性核查和审查程序，触发了外部守约机制的发展（Stokke O S，2012）。一个突出的例

① Arctic Marine Shipping Assessment，2009.

② 《联合国海洋法公约》第一一八条、第一九七条。

子就是1978年Amoco Cadiz溢油事故，暴露了方便旗国家对国际海事规则的执行情况令人担忧。1982年14个欧洲国家联合起草签署了关于港口国控制的巴黎备忘录，其他主要海域也都相继达成了类似的安排，要求各国在其港口内对船只行使管辖权，进行更多高水平的检查，并对不符合标准的船只进行有效处理。如果船只被发现违反了规则对生命或环境安全构成威胁，则船只会被扣留直至采取纠正行动，通过协调港口国控制，可以更加有效地发现违反国际海事规则的情况。国际海洋法为全球海域秩序的建立提供了法律框架，但北冰洋的自然条件与其他开放海域相比有其特殊性，开发利用融冰阶段的北冰洋及其资源，要求北极国家以及航线利用国之间加强政策、信息、执法等方面的沟通与合作，以应对人类活动对北冰洋海洋环境和生态系统带来的特殊风险。北极海域没有形成独立的港口国控制协定，但北极国家已经参与了巴黎和东京备忘录的区域安排。一些政策建议中已经提出需要协调北冰洋地区的港口国控制，但相比磋商出一个专门的北极备忘录，调整毗邻北冰洋海域的港口国控制安排使其覆盖用于北极航行的船舶是一个更为可行的方案。

5.4.2 北极区域海事合作的进展

作为目前北极地区最权威的北极事务协调处理机制，北极理事会在推进区域北极航运治理过程中发挥了重要作用。其对区域北极航运治理的推进主要集中在三个方面：①发布2009年《北极海上航运评估报告》（Arctic Marine Shipping Assessment）；②协调2011年《北极海空搜救合作协议》（Agreement on Cooperation on Aeronautical and Maritime Search and Rescue in the Arctic）的达成；③协调2013年《北极海洋油污预防和应对合作协议》（Agreement on Cooperation on Marine Oil Pollution Preparedness and Response in the Arctic）的达成。

5.4.2.1 2009年《北极海上航运评估报告》

北极海洋环境保护工作组（PAME）在2009年北极理事会特罗姆瑟部长级会议上发布的《北极海上航运评估报告》[①]，由加拿大、美国和芬兰共同领导完成。这个报告从加强北极海上安全、保护北极原住居民及其环境、建设北极海上基础设施三个方面提供了大量的政策建议。2009年4月召开的北极高官会议随后建议部长级会议通过了这一评估报告，并最终体现在2009年4月29日的《特罗姆瑟宣言》中。

“加强北极海上安全”主要包括5个方面建议：①加强同IMO等国际组织的联系；②促进IMO北极航运措施的实施，主要包括促进《北极冰覆盖水域船舶

① 2009年《北极海上航运评估报告》（Arctic Marine Shipping Assessment）https://oaarchive.arctic-council.org/handle/11374/54. 访问日期：2017年4月18日。

操作指南》的更新和强制实施，加强 IMO 船舶航运安全和污染防治全球公约在北极地区的实施；③协调北极海洋航运监管制度，促进北极航运治理的一致性；④加强北极水域的客船安全；⑤促进北极搜救国际文书的形成（其成果之一便是 2011 年《北极海空搜救协议》的达成）。

“保护北极居民及其环境”主要从以下 8 个方面提出建议：①北极原住民社区的用海调查，为评估北极海运活动影响提供实时基线数据；②与北极社区的沟通；③确定具有高度生态和文化重要性区域；④指定特别的北极海洋区域，如 IMO 项下的“特别地区（SA）”或“特别敏感海区（PSSA）”；⑤防止入侵物种；⑥防止溢油；⑦解决对海洋哺乳动物的影响；⑧减少空气污染等。

“建设北极海上基础设施”主要从以下 4 个方面提出建议：①解决基础设施不足的问题，主要包括冰上导航训练、导航图、通信系统、港口服务设施、准确及时的冰情信息、避难所和破冰船的协助应对设施；②建设北极海洋交通系统，鼓励航运公司合作，以提升对海洋活动的监测和跟踪能力；③通过环境合作协议和双边协定来增强极地环境污染预防应对能力（其成果之一便是 2013 年《北极海洋油污预防和应对合作协议》的达成）；④投资水文、气象和海洋数据，使得北极航行图达到可接受的水平，以支持当前和未来的安全航行。

这三个方面的措施建议为北极理事会和北极国家在 2009 年之后的区域北极航运治理提供了行动路线图。在航行安全方面，北极理事会提供协商平台，促使北极八国达成了 2011 年《北极海空搜救合作协议》；在环境保护和基础设施方面，北极理事会提供协商平台，促使北极八国达成了 2013 年《北极海洋油污预防和应对合作协议》；另外，北极八国自身对于港口、船舶和海情监测设施的改造增建，以及北极理事会北极监测和评估工作组（AMAP）等对于水文、气象和海洋数据的搜集分析工作，也为区域北极航运治理的推进提供了物质和信息支持。

5.4.2.2 北极海事安全以及科学活动合作协议签署

首先需要明确的是，尽管北极理事会目前在架构上符合国际组织一般特点——具有“三级架构”① 和设在特罗姆瑟的常设秘书处，但是北极理事会不具有独立的法律人格，缺乏制定和执行法律文件的权能，并不是一个国际组织。其成立文件 1996 年《渥太华宣言》明确指出，北极理事会是北极国家就北极事务合作、协调和互动的高级论坛。因此，具有法律约束力的《北极海空搜救合作协议》和《北极海洋油污预防和应对合作协议》的约束力来源是北极八国的国家同意，而非北极理事会。北极理事会只是为这两份法律文书起草和签署提供了重要的磋

---

① 主要包括：两年一届的部长级会议、一年两届的高官会议（SAO）和附属机构（包括 6 个常设工作组、若干临时任务组和专家）。

商平台和专业知识支持，如2011年《北极海空搜救合作协议》是在2009年成立的搜救临时任务组（TFSR）的主持下达成的，协议达成后该临时任务组就宣告解散；2013年《北极海洋油污预防和应对合作协议》（OPPRA）是在2011年成立的北极海洋油污预防与应对工作组（TFAMOPPR）主持下达成的，协议达成后该临时任务组就宣告解散。

《北极海空搜救合作协议》是1944年国际民用航空组织《国际民用航空公约》（又称《芝加哥公约》）、1979年IMO《国际海上搜寻救助公约》等公约的细化，其目标是“加强北极地区的空中和海上搜索及救援合作与协调”。北极国家承诺“在其管辖范围内促进建立、运行和维持足够和有效的搜索和救援能力”。该协议主要解决了搜救辖区的划分问题和搜救操作过程中的跨辖区加油问题，协议达成后的首次联合演习在2012年于格陵兰东部海岸举行，代号为“SAREX”。北极理事会成员之间谈判达成的关于空中和海上搜寻及救援的合作协定将使现有资源更加灵活地使用，并使其能够找到具有成本效益的解决办法。

《北极海洋油污预防和应对合作协议》是1990年IMO《国际油污防备、反应和合作公约》（OPPRC）等油污协议的细化。其目标是“加强缔约方之间在北极的石油污染防备和应对方面的合作、协调和相互援助，以保护海洋环境免受石油污染”。北极国家承诺“在其管辖范围内建立并维持相关国家系统（national system）以迅速有效地应对石油污染事件，该系统应包含至少一个石油污染事故国家应急计划”。该协议主要明确了油污预防和应对辖区的南部界限和操作过程中的通知、联络、费用偿还等问题。协议达成后，在北极理事会的主持下制定了《北极地区溢油应对和后勤指南》（Arctic Region Oil Spill Response and Logistic Guide，Arctic ERMA）并促进了IMO冰区溢油就地焚烧项目（ISB）对北极特殊性的考量。

此外，在2017年5月举行的北极理事会第十届部长级会议上，成员国外长签署了具有法律约束力的《加强北极国际科学合作协议》（Agreement on Enhancing International Arctic Scientific Cooperation）①，旨在为北极地区相关科研活动提供更为便利的条件。协议确保8个北极国家的科学家进入各国已确定的北极地区，包括人员、设备和材料的进出，获得基础研究设施，以及进入研究区域，这将极大便利北极国家开展北极科学考察，对推动北极科学考察合作具有重要意义。

在2017年5月举行的北极理事会第十届部长级会议上，成员国外长签署了

① Agreement on Enhancing International Arctic Scientific Cooperation, signed at the Fairbanks Ministerial meeting, 11 May, 2017.

具有法律约束力的《加强北极国际科学合作协议》①，旨在为北极地区相关科研活动提供更为便利的条件。在适用范围上，协议对“参与者”和“科学活动”的界定非常广泛，最大限度地便利北极科学活动的开展与合作。根据协议的要求，缔约方须尽力便利其他北极国家的科学人员、研究平台、材料、样品、数据和装备进出各国已确定的北极地区，尽力便利其他参与者能够获取和使用国内民用的研究设施和后勤服务，能够进入研究区域以及获取与科学活动有关的科学信息。

5.4.2.3 北极国家海岸警卫队论坛

全球化时代国家安全的内涵扩大，集中表现为强调经济安全、社会安全、文化安全、生态安全等内涵上。传统的军事安全等硬安全问题虽然具有极大的破坏性，却不会轻易发生，而金融危机、非法移民、毒品走私等软安全问题随着跨国交流的加速发生日益频繁，在军事、政治和外交冲突以外构成威胁主权国家和人类整体生存和发展的因素，因此许多国家的国家安全战略中都提高了对软安全的重视程度（赵可金，倪世雄，2007）。这些安全问题需要相关国家之间进行合作、共同应对。随着北冰洋逐步开放、海上航运等人类活动有所增加，挪威与俄罗斯在巴伦支海域以及美国与俄罗斯在楚科奇海域面临非传统安全风险，推动着相邻国家通过海岸警卫队开展和加强双边乃至多边海上执法合作。

作为海上警察，海岸警卫队的角色主要不是应对战争状态，而是在和平时期提供海上安全服务。其职责通常涉及海上交通、油气资源开发、旅游、环境管理、科学研究、气候变化以及国家安全等广泛内容。各国海岸警卫队的体制架构并不统一，军事性质和民用性质兼有。美国海岸警卫队隶属于国家安全局；俄罗斯海岸警卫队隶属于联邦安全局，属于半军事性质；加拿大海岸警卫队隶属于渔业与海洋部；丹麦海岸警卫队隶属于国防部，属于民用性质；挪威海岸警卫队隶属于挪威皇家海军，属于军事体制，然而据报道其百分之六七十的资源用于渔业检查②。海岸警卫队日常执行的一系列任务在本质上都是民用的，通过执行国内立法，保护国家利益并提供海上服务，并不妨碍在需要时参与军事行动。

基于已有的双边和多边海事合作，2015 年 10 月 30 日，8 个北极国家海岸警卫队签署合作协议，成立了北极海岸警卫队论坛。论坛的目的是建立一个专注于业务的共同体，在操作层面发展北极国家之间的关系。论坛为环北极海岸警卫队提供了关注共同关心的问题的机会，例如搜索救援、应急反应以及破冰导航，论

---

① Agreement on Enhancing International Arctic Scientific Cooperation, signed at the Fairbanks Ministerial meeting, 11 May, 2017.

② Coast Guard Cooperation with Russia in the Arctic, 20 July, 2016, https://www.newsdeeply.com/arctic/community/2016/07/20/coast-guard-cooperation-with-russia-in-the-arctic.

坛重点关注交流信息和确定最佳做法，从而帮助解决北极地区总体能力不足的问题。北极海岸警卫论坛的结构非常简单，建立在协商一致的基础上，实行轮值主席国制度。目前主席国由美国担任，芬兰海岸警卫队于 2017 年接替美国担任轮值主席。各国海岸警卫队的领导人每年都会举行会议，而工作小组将会在有需要的时候更加频繁地会面。为了避免严重的官僚主义作风，论坛只设立了两个工作小组，即秘书处和联合行动工作小组，联合行动工作小组关注诸如联合行动、资源共享和演习一类的工作。论坛将以搜救作为开端，在日后开展的工作中逐渐扩展工作范围，目标是要发展各国共同的情况意识，同时与北极理事会的应急预防准备和反应工作小组协同工作①。

在海岸警卫队论坛 2016 年 6 月领导人会议上，北极八国海岸警卫队签署了新的联合声明，为制定多年战略计划的框架、交流信息的途径，突出最佳做法，确定培训活动和开展联合操作建立了框架。海岸警卫队领导人还同意每年召开专家会议和领导人会议，推动论坛合作持续深入开展②。

5.4.2.4 北冰洋公海渔业磋商进程

北冰洋沿海五国自 2010 年开始启动北极渔业管理的磋商进程，先后举行了奥斯陆、华盛顿、努克等多轮北极渔业高官会谈。2015 年 7 月 16 日在奥斯陆会议上签署了《关于防止中央北冰洋公海海域不受监管捕鱼活动的宣言》③，这是北极五国达成的首份关于北冰洋渔业管理的宣言，体现了北冰洋沿岸五国对北冰洋公海海域渔业活动的基本立场。宣言④指出，北冰洋沿岸五国计划采取临时措施以防止北冰洋公海海域发生不受规制的捕鱼活动，其核心措施是在相应的渔业管理组织或安排到位之前，暂时不批准商业捕鱼活动。在这一宣言基础上，北冰洋沿岸五国将中国、冰岛、日本、韩国和欧盟五方纳入，持续主导着有关北冰洋公海捕鱼的国际磋商，希望未来达成具有拘束力的多边协议。2016 年 12 月法罗群岛多边会谈后发表的主席声明指出，各方代表重申其承诺，防止在北冰洋公海海域发生不受规制的商业捕鱼，促进海洋生物资源保护和可持续利用以及保障健康的海洋生态系统；然而未来谈判还需要解决探捕、建立区域性管理组织的条件

---

① 国际极地与海洋门户，北极海岸警卫队论坛：大任务，小方案，http://www.polaroceanportal.com/article/592.

② Arctic nations deepen coast guard cooperation, https://thebarentsobserver.com/en/security/2016/06/arctic-nations-deepen-coast-guard-cooperation.

③ Seamus Ryder, "The Declaration Concerning the Prevention of Unregulated High Seas Fishing in the Central Arctic Ocean", https://site.uit.no/jclos/2015/08/11/the-declaration-concerning-the-prevention-of-unregulated-high-seas-fishing-in-the-central-arctic-ocean/.

④ DECLARATION CONCERNING THE PREVENTION OF UNREGULATED HIGH SEAS FISHING IN THE CENTRAL ARCTIC OCEAN, https://site.uit.no/jclos/2015/08/11/the-declaration-concerning-the-prevention-of-unregulated-high-seas-fishing-in-the-central-arctic-ocean/.

以及决策程序等问题[1]。

5.4.2.5 区域港口国控制加强

港口是国际航线中的重要枢纽，而港口通常位于一国领土范围内，受国家领土主权管辖。港口国[2]执行是沿海国在内水中实施国际航行管控的主要方式，习惯国际法承认港口国对其港口拥有广泛的管辖权，《联合国海洋法公约》和国际海事组织文件中也明确肯定了港口国的“剩余”管辖权。港口国可以禁止特定类型的船舶进入其水域，或者对进入其港口的船舶施加高于一般接受的国际规则和标准的条件。国际法院在尼加拉瓜案中明确指出，“沿海国可依其主权对其港口进行管理”。《联合国海洋法公约》第二十五条第二款、第二二一条第三款和第二五五条规定了港口国可以依据习惯国际法对其港口行使广泛的管辖权，并通过第二一八条赋予港口国对本国海区之外（即公海和其他国家的海区）的非法排放进行管辖；这种所谓的“剩余”管辖权也在国际海事组织若干文书中得到承认，并得到了广泛的实际行使。港口国对其港口和内水中的外国船舶还承担相关国际责任，例如公约第二一九条关于不适航的船舶的规定，谅解备忘录中的关于港口国控制的区域性的安排中包含了不具有法律拘束力的检查和跟踪检查的承诺。

区域港口国控制安排旨在通过协调一致的检查和纠正性执法行动（如拘留），增强对国际商船管理标准的遵守。这些国际商船管理标准包含所有现行有效的国际海事组织文书在内的相关国际文书。区域港口国控制安排的参与方不是主权国家而是一国的海事主管机关，因此这些海事主管机关不仅要遵守一般有法律约束力的国际法规定，还要遵守这些区域港口国控制的安排。但是这些区域港口国控制安排并没有法律约束力，并且多含有保留条款，以确保这些安排不会影响港口国的“剩余”管辖权。

目前涉及北极海域的区域港口国控制安排主要有两个——巴黎备谅解忘录（Paris MOU）和东京谅解备忘录（Tokyo MOU）。随着巴黎谅解备忘录的扩容和另外 8 个区域港口国控制安排的新建，这些区域港口国控制安排几乎实现了全球海域覆盖，但北冰洋区域目前尚无专门的区域港口国控制安排。

巴黎谅解备忘录[3]作为港口国控制的协调制度，旨在消除不合格船舶，其成员每年登临外国船舶的检查达 18 000 余次，以确保这些船舶符合国际安全、安保、环境标准，保证船员充分的生活和工作条件。该备忘录目前由 27 个国

---

① US Department of State,“Meeting on High Seas Fisheries in the Central Arctic Ocean”, http: //arctic-journal. com/press-releases/2733/meeting-high-seas-fisheries-central-arctic-ocean.

② 根据《联合国海洋法公约》第九十一条第一款，船旗国是指船舶注册并悬挂其国旗的国家，但是沿海国、港口国目前尚无普遍接受的定义。

③ 巴黎谅解备忘录（Paris MOU）官网：https: //www. parismou. org/ 访问日期：2017 年 3 月 26 日。

家的海事主管机关组成，覆盖欧洲沿海和跨北大西洋海域盆地水域。这 27 个国家是：加拿大、俄罗斯联邦、芬兰、瑞典、挪威、冰岛、丹麦（含格陵兰）、比利时、保加利亚、克罗地亚、塞浦路斯、爱沙尼亚、法国、德国、希腊、爱尔兰、意大利、拉脱维亚、立陶宛、马耳他、荷兰、波兰、葡萄牙、罗马尼亚、斯洛文尼亚、西班牙和英国。尽管该谅解备忘录所覆盖的水域并未完全包括北冰洋，但仍有助于所有北极国家的海洋主管机关的参与区域港口国控制合作。

东京谅解备忘录①覆盖亚太水域，成员是俄罗斯联邦、加拿大、中国、日本、韩国、澳大利亚等国家的海事主管机关。其中加拿大和俄罗斯联邦的海事主管机关参加了巴黎和东京谅解备忘录，俄罗斯联邦的海事主管机关还参加了黑海谅解备忘录，因此需要明确，这些北极国家的港口具体是受哪个备忘录安排管辖。2009 年，加拿大决定将其太平洋港口纳入巴黎谅解备忘录管辖。尽管巴黎谅解备忘录要求相关港口官员的培训适用于整个俄罗斯联邦，但俄罗斯联邦的太平洋港口目前仍受东京谅解备忘录的约束。美国海岸警卫队分别是巴黎和东京谅解备忘录的观察员，并参加这两个备忘录的系列会议和合作。

---

① 东京谅解备忘录（Tokyo MOU）官网：http：//www. tokyo-mou. org/ 访问日期：2017 年 3 月 26 日。

第 6 章　从航运治理到北极综合治理

在气候变化影响下，北极地区出现海冰消融的趋势，自然条件的变化带来北极地区人类活动的增长，科学考察、北极旅游、海上油气开发等都一定程度上依托或利用海上航行，因此有学者指出，北极航道利用是北极经济开发活动的集中体现（杨剑，2014）。正因为如此，北极航运治理是北极治理的重要内容，也是近年来规则发展最为显著的领域。北极航运规则在未来发展进程应走向协调统一，北极治理面对分散化、多议题的现状也需要探索加强综合治理的路径。

6.1　北极航运规则的互动与协调

北极海上航运法律规制由一个复杂的、多层次的框架组成。在全球层面，它包含有《联合国海洋法公约》确定的管辖框架，以及国际海事组织制定的海事规则和标准。全球规制占主导是国际航运全球性以及国际社会对全球统一管理利益需求的直接结果。尽管没有排除区域性规制，但应当注意不能损害国际海事组织在航运管理事务中的全球性首要地位。

6.1.1　多边规则对单边规则的制约

北极沿海国的特殊管辖权受到国际法体系多方面的规范和制约，《联合国海洋法公约》的冰封区域条款作为单边管辖权的法律依据有其适用范围和要求，其授权范围以外的航行管制应遵守国际海事组织的相关规则，特别值得关注的是，新出台的极地水域航行规则（Polar Code）可能对北极沿海国的管制带来影响。

6.1.1.1　《联合国海洋法公约》对北极沿海国管控的限制

加拿大和俄罗斯实施超出一般国际标准的航行管控措施依据的是《联合国海洋法公约》第二三四条冰封区域条款，然而使用冰封区域条款的特殊授权需要符合《联合国海洋法公约》的限制条件，过度扩张解释该条款的适用范围和管辖权限度有违这一条款意图维持的特殊管辖权与航行权之间的平衡。该条款具有严格的适用条件和限制，尽管沿海国在制定针对船舶航行的法律规章时无需接受主管国际组织的监督，但须依赖最可靠的科学证据作为合法性基础，且在实施管控措施时要同时顾及航行。加拿大和俄罗斯对北极海域船舶通航的管控逐渐趋于一致，两国对北极航行的管制有突破冰封区域条款的情况，具体表现如下。

首先体现在对航行权的影响。加拿大和俄罗斯将单边航行管制措施不加区别地适用于其北极管辖水域，未能仅限于专属经济区，而是扩展至了领海和内水，这种做法与海洋法上的海域分区原则和制度严重抵触，损害了其他国家在相应海域的航行权。俄罗斯要求通行北方海航道水域的船舶提出航行申请，获得许可才可进入其管辖海域，将这种内水化的航行管制全面推行于内水、领海及专属经济区整个海域，直接破坏了领海的无害通过制度、用于国际航行的海峡的过境通行制度以及专属经济区范围内的航行权。加拿大没有明确规定航行许可制度，但要求进入北方交通服务区的船舶须事前从管理机关获得通关，这种通关的程序性要求具有初步审查是否遵循加拿大国内法的实质性内涵，同样在事实上对内水之外海域的航行权构成了一定限制，没有适当顾及外国船舶的航行权。

其次，在科学证据方面的基础不足。加拿大针对不同抗冰能力的船舶设置了一个固定的航行区域—时间系统，为弥补这一规则在灵活性上的不足，又引进了北极冰区航行系统（AIRSS），允许船舶在冰情合适的情况下在目前区域—时间系统以外航行。但一份 2007 年研究报告揭示，区域—时间系统虽然曾经与北极水域的冰密度情况相符，但如今已经不再适应，即使是相比较而言更加灵活准确的 AIRSS 也需要继续更新①。俄罗斯北方海航道新规确定的船舶准入和航行规则是否基于最可靠的科学证据也不够透明。冰封区域条款要求管理规章的制定应当依据国际认可的现有最可靠的科学证据，以避免沿海国过度任意专断地管制。因此，有研究建议加拿大与美国开展北极海域气候水文科学合作、获取和交换最新科学数据，在此基础上建立新的船舶通行机制，为利益相关国家提供开放的参与机会，这样做有助于获得更广泛的国际认同，化解科学基础方面的争议（Luttmann P，2015）。与之类似，俄罗斯也可以加强与挪威、美国和加拿大在北极海域自然条件方面的科学研究，使其航行管控政策建立在可靠的科学基础之上。

再次，在管控措施的目的方面，加拿大和俄罗斯管控北极航行的措施是全方位的，不仅制定严苛的排污标准，特殊的船舶设计、建造、人员配备和装备标准及海域准入规则，还建立了强制性航行报告和交通管制规则。有些措施如船舶装备的要求（如救生设备）以及航行交通服务系统，其主要和直接目的是保障船上人员生命和船舶航行安全，而非防控船源污染，是否属于冰封区域环境管辖权的合理使用存在争议。在实践中，加拿大单方面建立北方交通服务系统的做法已遭他国挑战。

最后，在主权豁免的适用方面，加拿大《AWPPA》在规定严格的废物排放标准时并未给予国家公务船舶豁免，仅在航行安全控制区规则中特别规定国务专

---

① Timco and Kubat, "Regulatory Update for Shipping in Canada' s Arctic Waters: Options for an Ice Regime System," Discussion Paper TP 14732 (Canadian National Research Council, March 2007), p. 8, 12.

员在确认船旗国已采取相应预防措施的条件下可以对其免除适用[①]，这种有条件的管辖豁免不符合《公约》规定的国家公务船舶对冰封区域环境管辖享有主权豁免的要求。对外国公务船舶如科考船等通行北方海航道水域，俄罗斯在许可程序和收取助航服务费等方面也没有落实主权豁免的要求。

6.1.1.2 国际海事规则对北极沿海国管控的制约

未经国际海事组织程序，2010 年加拿大单方面在北极海域实施强制性交通服务区管理，随即遭到美国等国家的反对，并引发了国际海事规则与冰封区域条款关系的讨论。美国和国际独立油轮船东协会（INTERTANKO）在国际海事组织内对加拿大新规提出了合法性质疑，指其单边建立强制性交通服务区管控规则违反了《国际海上人命安全公约》（《SOLAS》）及其有关决议和指南中的规则和程序要求[②]。新加坡进一步指出，加拿大建立交通服务区管控规则是否符合《联合国海洋法公约》第二三四条的根本目的，及是否可以援引冰封区域条款的合理使用，都需要论证[③]。加拿大则主张《联合国海洋法公约》第二三四条特殊管辖权为执行加拿大新规 NORDREG[④] 提供了国际法依据，且国际海事组织通过的《SOLAS》第五章规则第 11 条和第 12 条“不妨碍各政府根据国际法享有的权利和义务”，即不影响加拿大依据冰封区域条款采取相应措施保护海洋环境的权利[⑤]。

加拿大北方交通服务区管控规则是否属于冰封区域条款的合理使用取决于对冰封区域条款的目的进行扩张解释还是严格解释，对这一争论本书暂不叙述，关键需要探讨的更深层问题是冰封区域条款与国际海事规则的关系问题。加拿大援引国际海事公约中的保留条款，主张冰封区域条款相对于国际海事规则的优先地位，强调该条款在海洋法上的“特别法”（lex specialis）性质，本质是将冰封区域条款置于不受其他规则制约的特殊地位。这种观点是对国际海洋法以及国际航运法律体系维护的沿海国航行管控利益与全球航运利益平衡的破坏，得不到国际社会特别是航运大国的支持。美国等国家和组织挑战加拿大的单边措施，要求其遵循多边海事程序和规则，体现了国际社会的态度和立场。

国际海事组织是各国协商制定国际航运规则的全球性组织，在国际航运法

---

① Arctic Waters Pollution Prevention Act, Article 4.

② United States and INTERTANKO, Northern Canada Vessel Traffic Services Zone Regulations, MSC 88/11/2, 22 September 2010.

③ Report to the Maritime Safety Committee, IMO Doc. NAV 56/2, 31August 2010. Report to the Maritime Safety Committee on its Eighty-Eight Session, IMO Doc. MSC 88/26/Add. 1, Annex 28, 19 January 2011.

④ NORDREG 最初是加拿大在北极水域的交通服务区名称。2010 年《加拿大北方船舶交通服务区规定》(Northern Canada Vessel Traffic Services Zone Regulations) 引入强制性航行报告的规则，改变了长期以来北极交通服务区 NORDREG 自愿性的性质，官方和学界开始直接使用 NORDREG 指代该法规。此处即是这种含义。

⑤ Canada, Comments on document MSC 88/11/2, MSC 88/11/3, 5 October 2010, para. 5.1.

律体系中占有核心地位，其主导制定的《SOLAS》和《防止船舶污染国际公约》(《MARPOL73/78》) 及其议定书等多边航运规则具有广泛约束力。管控北极海域航运活动时，国际海事组织在发展国际航运管控规则方面的主导地位应当被尊重。针对晚近兴起的航行管控措施，如航行报告和交通服务区制度，国际海事组织已经出台了一般原则和指南[①]，冰封区域沿海国在实施这类管控时不应当依赖单边行动，而应按照国际海事组织的原则和要求、经过它的认可后建立和实施。正如有关评论指出，"《联合国海洋法公约》第二三四条应当与公约中其他条款联系在一起解读，即那些要求沿海国应当遵守国际海事组织针对航行安全和防止船源污染事项制定的国际规则和标准的规定。沿海国依据第二三四条制定的特殊国内法不能与《SOLAS》和《MARPOL》等国际海事组织的规则和标准抵触或重叠"(Blanco-Bazan A, 2009)。

因此，冰封区域条款的特殊授权不能成为北极沿海国不遵守相关国际海事规则的挡箭牌，国际社会通过国际海事组织共同协商制定的航运管控措施及相关规则应当被尊重和维护。北极沿海国在实施那些影响海洋法航行权的管制措施时，应遵守国际海事组织已经出台的相关规则，通过多边平台建立新的管制措施。

6.1.1.3 《极地规则》对北极沿海国管控的影响

国际海事组织先后出台了《北极冰覆水域船舶操作指南》(2002 年)[②] 和《极地水域船舶操作指南》(2009 年)[③]，《极地规则》[④] 中的大部分强制性规则已于 2017 年 1 月 1 日生效。作为第一部具有强制约束力的极地水域航行规则，《极地规则》全方位规定了与极地水域航行有关的事项，涉及船舶结构、机械设备、电气装置、防火安全、救生设备、航行安全等方面，同时在环境保护方面，规则在《MARPOL 附则》基础上提高了对油类物质、散装有毒液体物质等 4 类污染物的排放标准。

加拿大历来重视北极海域的环境保护，全面参与了技术规则和法律规则的制定，在船舶设计和装备分委会、海上安全委员会和海洋环境保护委员会的讨论中提出了数量可观的议案，积极推动更严格的国际北极航运标准出台。在《极地规则》与冰封区域沿海国特殊管辖权的关系上，作为其一贯的政策立场，加拿大极力要求加入维护《联合国海洋法公约》第二三四条的保留条款[⑤]，并最终在新的

---

① 《国际海上人命安全公约》第五章第 11 条和第 12 条分别规定了船舶报告系统和船舶交通服务系统。

② "Guidelines for Ships Operating in Arctic Ice-Covered Waters," IMO Doc. MSC/Circ. 1056-MEPC/Circ. 399, 23 December 2002.

③ "Guidelines for Ships Operating in Polar Waters," IMO Assembly Resolution A. 1024 (26), adopted 2 December 2009, IMO Doc. A26/Res. 1024, 18 January 2010.

④ MEPC 68/21/Add. Annex 10, International Code for Ships Operating in Polar Waters.

⑤ 加拿大提案见 IMO Doc. MSC 93/10/12, 25 March 2014, Canada, "Amendments to the International Convention for the Safety of Life at Sea".

修正案中有所体现,[①] 以保护冰封区域条款的管辖权不受新的极地规则的影响，维护其利益诉求。《极地规则》生效后引发《极地规则》与冰封区域条款的关系，以及其生效对沿海国单边管辖权带来何种影响的问题。国际多边规则与冰封区域沿海国单边管辖权之间可能存在潜在的冲突，加拿大学者援引《SOLAS》、《MARPOL》和《极地规则》中的关系条款[②]，以及加拿大批准《MARPOL》时提交的基于冰封区域条款的特别声明，主张相关海事规则不构成加拿大依照《联合国海洋法公约》第二三四条制定法律规章的障碍（Mcdorman T，2014）。类似的观点认为，由于《联合国海洋法公约》第二三四条并不包含遵循“一般接受的国际规则和标准”的限制，《极地规则》的出台并不消除这一条款作为沿海国采用更加严格的环境（或安全）标准的法律依据。但依照该条款的措辞和专属经济区内的航行自由原则，沿海国有必要解释为何采取高于《极地规则》的保护措施是必要的（Jensen，2016）。《极地规则》建立在可靠的科学基础上、经过多年的国际磋商而制定，为提高船舶通行北极水域的安全和防控船舶造成的污染提供了较全面的保障，它的出台提升了沿海国使用冰封区域条款的要求和标准，为行使特殊管辖权辩护将变得更加困难。

《极地规则》对冰封区域条款的影响，还体现在《极地规则》的生效将改变北极水域航行的国际法制环境。冰封区域条款制定时具有两个重要的历史背景，现如今都发生了重要的变化。其一，20 世纪七八十年代环境保护浪潮在全球兴起，深刻影响了海洋法的制定，国际社会承认冰封区域生态环境的脆弱性，在针对北极环境保护尤其是北极海域船源污染规则缺位的情况下认可了冰封区域条款的特殊管辖权，目的是为了保全和保护北极海域脆弱的生态环境。而当前北极海域航行多边规则已经出台，北极环境特殊保护的国际规则空白状况将不复存在，国际层面的北极海洋环境的保护逐渐得到加强。其二，联合国第三次海洋法会议召开时，受当时气候条件和技术装备的限制，北极海域可通航性很低，有限的通航也集中于北极沿海国沿岸，沿海国管辖权的扩张并不会对其他国家的航行权造成重要影响，因此大多数国家当时并不在意北极海域的沿海国管辖权问题，实际谈判方集中在美国、加拿大、俄罗斯三方。科学研究显示，近几十年来北极海冰季节性消融趋势明显，北极航道开通可以缩短亚洲港口和北欧之间、亚洲港口与北美之间的航运距离，北极航道通航量持续增长，北极航线开通前景明朗，争取航行权的利益主体将大大增加。环境的变化会冲击沿海国环境管辖单边主义的必

① 修正案文本见 MSC94/21/Add. 1，ANNEX 7 AMENDMENTS TO THE INTERNATIOANL CONVENTION FOR THE SAFETY OF TLIFE AT SEA，1974，AS AMENDED.

② 在纳入《极地规则》有关航行安全内容的《国际海上人命安全公约》修正案中，新增加的第 14 章第 2 条（适用）第 5 款规定，“本章中的任何内容不妨碍各国在国际法中的权利或义务”。参见 ANNEX 7 AMENDMENTS TO THE INTERNATIOANL CONVENTION FOR THE SAFETY OF TLIFE AT SEA，1974，AS AMENDED，MSC94/21/Add. 1.

要性及合法性，这正是冰封区域条款越来越受关注和质疑的原因所在。随着国际海事组织逐渐加强针对北极海域船舶航行的规则制定，先后制定了建议性指南、综合性的强制航行规则，对保障极地水域航行安全、控制船源污染具有重要作用，冰封区域条款制定时的特殊历史背景如今发生了重大变化，沿海国环境管辖单边主义的合法性基础被削弱。即便在法律规定上冰封区域条款一直存在，但在实际应用中，随着冰封区域条款作为弥补国际规则不足的安全网作用逐渐减弱，援引这一条款的必要性会降低，可能最终脱离时代需求。

6.1.2 北极航运规则的融合与统一

国际航运的高效开展要求沿线海域航运规则的统一，国际海事组织致力于制定和推行符合国际航行规则的国际标准。然而目前北极航道沿岸国管制仍然存在碎片化现象，突出表现为加拿大和俄罗斯援引冰封区域条款制定了高于国际规则的国内法规，制定了各具特色的北极航行国内法。《极地规则》的生效是北极航行法律规制进程中的重要里程碑，沿岸国对北极航运的单边管制应当逐步与多边规则接轨、融合，最终实现北极水域船舶通行规则的统一。

除加拿大和俄罗斯之外的北极国家对其管辖海域的航行管控遵循的是一般接受的国际标准，《极地规则》作为国际海事规则的组成部分将适用于划定的北极水域范围，相关北极国家作为沿海国和港口国应当执行新的极地水域航行规则。由于加拿大和俄罗斯早在20世纪六七十年代就制定了对北极水域的管控制度，并推动《联合国海洋法公约》第二三四条冰封区域条款的确立，不断强化对北极海域航行活动的单边管控。随着《极地规则》的生效，需要考察现有沿海国单边管控制度与《极地准则》的契合度，推动加拿大和俄罗斯调整与国际规则不相符的国内立法，逐步实现与国际规则的统一。

航运界一直推动全球范围内适用统一的航运规则，国际海事组织的建立很大程度上也是为了实现全球范围内海事规则的统一。IMO成员国囊括了世界主要的海洋国家，代表了船旗国、沿海国等广泛的利益主体不同的利益诉求，是国际社会开展海事合作、制定航运统一规则的权威组织。国际航运公会（International Chamber of Shipping）主张对北极水域船舶操作的新管理标准必须在IMO多边平台中达成，而不是依赖单个国家的单边措施。在其公布的北极航运政策文件中指出，为了提供一个安全、商业上可行以及最有环境保护力度的可执行的国际航运管理方法，所有现行适用于北极水域的北极国家航运管制的国内法制度，都应符合海事组织《极地守则》以及所有其他有关的海事组织公约和守则，并与《联合国海洋法公约》的规定一致。北极国家应按照“公认的国际规则和标准”

（GAIRAS）对外国国旗船适用要求①。

目前加拿大和俄罗斯两国的国内法制度与IMO《极地规则》的要求并不完全一致，二者的关系包含附加、补充、协调三种。首先，部分加拿大和俄罗斯航行管控超越了国际规则，对船舶航行提出了额外要求。比较突出的是俄罗斯北方海航道水域的航行许可制度，要求所有进入北方海航道海域的船舶均须申请并获得俄方的批准才可通行，主管机关依据国际条约、俄罗斯法律以及北方海航道规则对通行申请进行审核。而另一方面，国际海事规则主要依赖船旗国管辖，保证悬挂其国籍的船舶遵守有关海上安全、防止碰撞以及防止海洋污染的一般接受的国际规则和标准，如《SOLAS》规定了一系列证书制度作为船方遵守规则的证明。《极地准则》要求的船舶持有有效的极地船舶证书，由船旗国主管机关在审核船舶遵守操作准则要求的基础上颁发，体现了极地航行的操作规则主要依赖船旗国实施。在船旗国管辖基础上，沿海国或港口国不应设置额外的程序性要求对船舶遵守国际标准进行重复审核。俄罗斯要求的事前许可制度中沿海国和港口国依据海洋法享有对外国船舶一定的管辖权，但其管辖主要体现在登临检查，且须已有明显证据或实际违法行为，而不是俄罗斯提出的事前的许可制度。

其次，加拿大和俄罗斯航行管控制度对北极航行国际规则的补充体现在提供冰情服务、破冰领航服务等方面。IMO的主要条约未涉及破冰船护航和协助问题，《极地准则》也没有特别规定，加拿大和俄罗斯规定的破冰和领航制度是对北极航行操作国际规则的补充。原因有二：一是破冰领航本质上是一种与航行管控性质不同的服务性质，有的是由国家海岸警卫队提供，如加拿大②；有的是由经国家批准认可的公司提供，如俄罗斯③。具有科学依据的破冰船领航要求不同于行政管制性质的航行许可，通常不会产生妨碍通行的后果。特别是随着俄罗斯修订北方海航行规则，取消了“一刀切”的强制破冰领航的规定，改为根据船舶抗冰能力及海域的冰情规定了科学的破冰服务适用的条件和情形，两国的国家实践都体现了领航制度的服务性属性。二是有学者指出，“尽管极地准则没有关于护航或破冰协助的规定，但一些条款已经预先假定使用这些措施了”④。例如，极地水域操作手册中须列明包含船舶在护航编队中的安全距离等内容，冰区导航员的培训内容中也应包含破冰操作的训练。这意味着破冰助航服务关系不适宜由

---

① Position paper on Arctic shiping, http://www.ics-shipping.org/docs/default-source/resources/policy-tools/ics-position-paper-on-arctic-shipping.pdf? sfvrsn=20.

② 加拿大海岸警卫队破冰服务的详情参见 http://www.ccg-gcc.gc.ca/eng/CCG/Ice_ Who_ We_ Are.

③ 为北方海航道水域提供破冰船服务的公司列表 NSR - Icebreakers Assistance | Northern Sea Route Information Office, http://www.arctic-lio.com/nsr_ icebreakersassistance，服务费用标准 NSR - Tariff System | Northern Sea Route Information Office, http://www.arctic-lio.com/nsr_ tariffsystem.

④ Tore Henriksen. The Polar Code and other developments at IMO. Workshop on Arctic Shipping, summary report, held at the Norwegian University Centre, St. Petersburg 8-9 October 2013. http://uit.no/Content/362520/Report%20St.%20Petersburg%20workshop%20v%2014%2001%2015.pdf.

国际公法主导，而更适合在沿海国的法规指导下、由船方与服务方平等协商处理，因此，沿海国在必要时为船方提供破冰助航服务合理地补充了国际层面的北极水域船舶操作规则。

再次，加拿大和俄罗斯的一些航行管控制度与 IMO 有关北极海域航行的国际规则一致。挪威、加拿大、俄罗斯等北极沿海国积极参与国际层面北极航行规则和标准的制定，无论是 2002 年的《北极指南》、2009 年的《极地指南》，还是刚刚生效的《极地准则》，都纳入了这些国家的冰区航行管控经验。例如，加拿大与俄罗斯均要求进入极地水域航行的船舶需要有一定的冰区加强，并建立了各自的船舶冰级体系，依据船舶的抗冰能力及冰情状况，对不同冰级的船舶提出限制操作的期间。IACS 极地船舶统一要求以及极地准则中对船舶结构、水密性、稳定性的规定与加拿大冰级系统有诸多相似之处，加拿大已经逐步推进统一规则与其国内管控制度的协调，并鼓励其他国家采取类似行动①。冰区导航员制度方面，两国要求进入北极水域航行的船舶要配备有冰区操作经验的导航员，在 IMO 对冰区导航员的资质、培训和发证出台国际标准后，沿海国也会采纳国际标准。此外，对于船舶的排污标准，《极地规则》在一般接受的国际标准基础上规定了更严格的标准，与加拿大和俄罗斯的单边环境标准日趋接近，某些要求甚至比俄罗斯当前的国内法更加严格。

自国际海事组织启动制定《极地规则》以来，俄罗斯积极参与磋商，并对国内法进行了大幅度调整，与《极地规则》的具体要求有所接近；加拿大也积极向专业分委会提交有关极地操作手册示范模板、极地船舶值班船长和高级船员的强制培训、油污零排放等提案并获得采用，促进了规则的生成和完善（白佳玉，李俊瑶，2015）。然而，《极地规则》制定前后，加拿大和俄罗斯政府都没有舍弃基于冰封区域条款的单边管辖的意向，而且规则磋商制定过程之中，加拿大坚持该规则的出台不得影响各国依据国际法享有的权利义务，保持单边管辖权的立场鲜明。

在北极水域船舶航行国际规制加强的背景下，北极沿海国依据冰封区域条款推行高于国际标准的管控措施时将会面临更多挑战，需要提供更充分的理由。由于加拿大和俄罗斯极力维护冰封区域条款的特殊授权，冰封区域条款的特殊保护权在可预见的期间内不会被废弃，但《极地规则》的生效将深刻改变北极海域航行国际法制状况，进而削弱北极沿海国单边主义航行管控的合法性基础，降低依赖冰封区域条款对北极水域实施特殊保护的必要性，最终导致冰封区域条款的实际作用和价值逐渐衰微。而且，北极地区正在发生的自然环境变化也在增加冰封区域条款适用的不确定性。受气候变化的影响，北极海冰消融趋势明显，部分

---

① Morten Mejlæander-Larsen, Comparison of Technical Requirements for Ships on Arctic Routes, http://www.arctis-search.com/Comparison+of+Technical+Requirements+for+Ships+on+Arctic+Routes.

北极海域的通航条件在改善，冰封区域的范围需要重新评估，沿海国援引冰封区域条款必须提供和依据更加及时、可靠的科学证据。这不意味着北极沿海国能够无限压制统一的国际规则对其单边管辖权施加影响，国际社会通过国际海事组织共同制定和推行极地水域航行国际规则的努力仍在进行，在这个过程中，北极航线利用国家与这些单边管控的沿岸国之间会继续展开利益博弈，推动北极沿岸国过度的单边管辖被国际规则吸纳和融合。

6.2 北极综合治理的探索

进入21世纪，北极地区的气候变化及对当地自然系统和社会的影响得到科学研究和认识①，气候变化给北极地区带来的全方位影响日益凸显，北极地区从冰封走向开放，带来了新的治理需求。

6.2.1 北极治理的现状及特点

双边层面，大多数北极海域管辖权争议已通过双边谈判达成划界协定的方式得以解决，北极沿海国200海里以外大陆架界限问题正在《联合国海洋法公约》框架内有序推进，挪威、俄罗斯、丹麦、加拿大纷纷向大陆架界限委员会提交关于北冰洋海域的大陆架划界案，并通过双边磋商解决重叠主张问题。

区域层面，为了加强北极海域范围内的海事安全，北极八国在北极理事会的协助下先后达成《北极海空搜救合作协议》②、《北极海洋油污预防和反应合作协议》③ 两个具有法律拘束力的多边条约，加强北极海域的海事安全保障，防止海上溢油污染事故的发生。2014年北极经济理事会成立，以促进负责任的投资和经济开发活动为宗旨，为北极国家和北极原住民组织提名的商业代表提供了建立联系、沟通信息、鼓励商业合作的平台。2015年10月还组建了北极海岸警卫队论坛，加强水域安全保障和管理。在北极理事会框架外，冰岛主导的北极圈论坛、俄罗斯主导的国际北极论坛等更加开放的交流机制也受到越来越广泛的关注。

国际层面，针对北极海域特殊的航行条件，国际海事组织致力于制定具有强制拘束力的极地航行国际规则，经过多年国际磋商终于出台了《极地水域船舶操作国际规则》。新生效的极地航行规则对航行于北极水域的船舶规定了更高的建造、装备、人员配备、排污标准，对应对海上航行活动增多带来的人命安全风险

---

① 北极理事会2004年发布的《北极气候影响评估报告》是第一个评估北极气候变化影响的综合性、跨学科报告，由北极监测和评估项目联合北极动植物保护工作组以及国际北极科学委员会合作完成，汇集了超过250名科学家和6个北极原住民组织参与。

② Agreement on Cooperation on Aeronautical and Maritime Search and Rescue in the Arctic.

③ Agreement on Cooperation on Marine Oil Pollution Preparedness and Response in the Arctic.

和海洋环境污染风险具有重要意义。与此同时，针对北冰洋可能出现重要渔区的预测，美国政府积极推动实施预防政策，促使北极沿海五国达成暂时禁止不受管制的北冰洋公海捕鱼活动的联合声明，北冰洋五国正在主导相关国际磋商，目标是达成限制北冰洋捕鱼的多边条约。

近年来北极区域治理呈现两个重要趋势：一是治理中心从陆地转向海洋，北极议题从以环境保护为核心向综合性可持续发展过渡和倾斜；二是域外国家和力量的参与和影响逐渐深入，北极治理机制多元化发展。体现在以下三个方面。

首先，北冰洋海域大面积被海冰覆盖，人类海洋利用活动受限，早期的北极治理主要聚焦北极陆地的环境保护、生物物种保护、大气污染物的防控等议题，随着北冰洋海冰消融和海域开放时间加长，北冰洋的资源潜力受到关注，北极航运、大陆架油气开发、生物资源捕捞等活动提上日程，如何围绕北冰洋开发利用活动形成规制成为北极治理的重点。

其次，在北极国家的管辖海域之外，北冰洋存在一定的公海海域和国际海底区域，非北极国家在北冰洋公海和国际海底区域中享有重要权益，如科学考察、航行、捕鱼、铺设海底电缆、勘探开发矿产资源等。因此，无论是制定北极航行国际规则还是磋商管制北冰洋公海的捕鱼活动，由于涉及众多域外国家的权益，均无法在北极理事会等北极国家组成的区域性合作框架中解决，而依赖主管国际组织或国际会议等多边磋商机制推进治理进程。

再次，由于北极地区的自然环境及地缘政治、经济社会发展与全球其他地区的联系越来越密切，对于部分原本属于北极区域治理的问题也受到越来越多域外因素的影响。例如，北极地区面临的一些环境问题与其他区域的影响息息相关，如持久性有机污染物以及气候变化，北极国家无法单独应对和解决，需要域外国家的协作。此外，在经济全球化影响下，北极将逐步融入世界体系中，北极地区油气资源的市场以及北极航道的利用者聚集在东亚等地区，相当数量的北美原住民群体的动物毛皮制品的市场在欧洲，这些域外地区和国家的相关行动和政策导向对北极当地经济社会的发展有重要影响（Young O R，2016a）。

北极区域合作 30 年来，北极区域治理没有发展出综合性的北极条约，而是呈现“条块化”、“领域化”形态（郭培清，卢瑶，2015），关于北极航运、捕鱼、科学研究、海事搜救、油气开发等事务的制度安排在不同轨道上发展，逐步形成一个北极治理“机制复合体”（Young O R，2011）。这一机制复合体由一系列聚焦于北极地区、然而又不存在隶属层次关系的机制安排组成。每个机制在法律属性、职能范围、空间范围、参与主体等方面都有很大差异。有些领域产生了专门的法律制度和规则，有的只有建议性指南，有的制度产生于全球性国际组织，有的限于较为封闭的区域机制中讨论。目前北极治理机制复合体碎片化特征明显，分散的机制安排之间并无统一的指导和协调，针对不同议题产生的机制安排相互作用很容易产生摩擦和冲突，未来还可能产生交叉重叠。北极治理的区域性与全球性相互交织，不同领域的北极治理机制差异显著，这种差异性也增加了机制协调的难度。

6.2.2 加强北极海域合作的机制探索

北冰洋治理呈现管辖碎片化和部门碎片化特征（Young O R，2016b）。一方面，北极航运、捕鱼、科学研究、海事搜救、油气开发等制度安排在不同轨道上发展，这种部门化海洋管理带来的弊端会随着人类活动的增加和密集化而凸显。另一方面，北冰洋海岸线跨越 5 个沿岸国，覆盖不同性质的海域，航运、海洋生物资源开发与养护、海洋污染等这类问题常常跨越单个国家管辖范围，需要多国在管理政策上进行协调，加强跨部门协调与合作。全球海洋管理中一个重大挑战来自于多种资源利用超越部门管理和国家政治界限，解决资源利用中的冲突、进行科学管理需要采取更全面、整体和综合的办法。《联合国海洋法公约》多处强调海洋区域合作，特别是对闭海或半闭海的沿岸国提出了相互合作的义务，要求相关国家直接或通过区域组织协调资源开发、环境保护和科学研究政策①。

着眼于未来北冰洋的保护和可持续利用，北极理事会已经注意到海洋综合管理问题，并积极研究提升海洋合作的路径。2004 年《北极海洋战略计划》② 将基于生态系统的方法进行海洋管理作为应对北冰洋挑战的重要措施之一，北冰洋考察计划发布的报告③中已经强调了海洋综合管理的重要性，鼓励实施基于生态系统的管理方法。2015 年 4 月，北极理事会在伊魁特部长级会议上成立了“北极海洋合作特别工作组”（Task Force on Arctic Marine Cooperation），负责评估未来加强北极海洋事务合作的需要，确定北极理事会是否应当开展北极合作机制的磋商，以及建议适宜的合作机制。2015—2017 年期间，该工作组审查了北极理事会现有合作机制以及与解决北极挑战有关的北极以外的机制和进程，考察了全球其他地方海洋管理区域合作的机制，任务组提交北极高官会议审议的报告确定了一系列加强北极理事会海洋管理作用的需要和机会，需进一步探索建立附属机构的具体事项，以补充现有北极理事会机制④。北极理事会在 2017 年 5 月召开的部长级会议上为北极海洋合作任务组设定了 2017—2019 年的工作任务，就可能设立新的附属机构的职权范围进行进一步磋商，并对补充改进现有北极理事会机制提出建议，有望在 2019 年形成具体方案。

目前北极理事会内部尚未形成具体方案，相关学术讨论形成两种思路：一种思

---

① 《联合国海洋法公约》第一二三条。

② Arctic Marine Strategic Plan 2004.

③ Arctic Ocean Review Final Report, Executive Summary with Recommendations, 15th of May 2013.

④ SAO report to Ministers, Fairbanks, 11 May 2017, p. 80. https://oaarchive.arctic-council.org/bitstream/handle/11374/1909/EDOCS-3930-v7D-Fairbanks_2017_SAO-report-to-Ministers.pdf?sequence=2&isAllowed=y.

路是建立一个适用于整个北冰洋海域的多功能安排，可以依托闭海和半闭海合作条款（《联合国海洋法公约》第一二三条）建立或依托海洋环境保护区域性合作条款（《联合国海洋法公约》第一九七条）形成某种区域海合作协议（Young O R, 2016b）；另一种思路是北极国家签署北冰洋协调协议（Arctic Ocean Coordinating Agreement），在区域层面加强北冰洋治理的协调（Baker B & Yeager B, 2015）。

现阶段北极国家没有建立一个覆盖整个北冰洋的合作安排，没有达成综合性的北冰洋合作条约，只是在北极国家范围内针对海上搜救、科学活动等具体议题签署了合作协议。但有学者已经在探讨如何设计一个综合性的北冰洋区域海安排，促进和补充北冰洋沿岸国和北极理事会的作用，并容纳北极原住民以及其他非国家主体的观点和利益，并形成一个北冰洋区域海洋安排的范本①。

北冰洋区域海洋安排的思路受到已经建立和运行的区域海洋制度安排的启发，目前全球范围内建立的区域海洋制度安排有两个来源：一是联合国环境规划署支持建立的区域海洋计划（Regional Sea Programme）②；二是在联合国体系之外波罗的海、东北大西洋地区、里海、南极海域独立建立的区域海洋制度安排。这些区域海洋计划的运行通常建立在一个区域性公约加附属议定书的法律框架基础上，针对该海域面临的具体海洋问题制订行动计划、规定国家承担的义务和责任。例如，在地中海区域海洋法律体系内，目前已经在 1976 年《保护地中海免受污染公约》下制定了 7 个议定书，涉及船舶及航空器倾废污染、陆源污染、特别保护区和生物多样性、船舶和紧急状况污染、大陆架和海底勘探开发污染、海岸带综合管理 7 个议题。而东北大西洋海域合作则关注生物多样性和生态系统、有毒物质、人类活动、近海公约和放射性物质 5 个议题。一个综合性的区域海洋机制可以带来诸多益处：能为区域海洋管理提供更持续、综合性的管理框架，能够纳入可持续发展的目标、保护传统生存方式，以及使相关国家为保护环境采纳更具有执行力的目标、时间表方面承担更严肃的义务③。

目前运作的区域海洋合作机制覆盖的海域面积适中且管辖权相对清晰简单，规制重点是可持续开发利用沿海和海洋资源、保护海洋环境和生态系统，而且为了达成有拘束力的行为规范，沿岸国家和利益相关方需具备较为充分的政治意

---

① 已经建立了关于北冰洋区域海洋机制研究的国际科研项目，A "Regional Seas Arrangement" for the Arctic Ocean (2015 - 2018), Project Leader Michael Byers. http://www.arcticnet.ulaval.ca/research/summary.php?project_id=95.

② 1972 年斯德哥尔摩联合国人类环境大会后，联合国环境规划署于 1974 年发起区域海计划，旨在通过对海洋和海岸的可持续管理和利用，防止全球海洋和海岸生态环境的急剧退化，使海域相邻国家共同参与综合及专项行动以保护共享的海洋环境。到目前为止，联合国环境规划署支持建立了 13 个区域海洋项目，包括黑海、东亚海、地中海、东北太平洋、西北太平洋海域等。

③ WWF, A new sea: The need for a regional agreement on management and conservation of the Arctic marine environment, 2008, p. 28. http://wwf.panda.org/wwf_news/?122260/A-New-Sea-The-Need-for-a-Regional-Agreement-on-Management-and-Conservation-of-the-Arctic-Marine-Environment.

愿。相比之下，在北冰洋建立类似基于条约的区域海洋机制面临巨大的挑战。首先，北冰洋面积广阔，海岸线长，海岸自然条件和状况差异大，而且存在大面积的公海和部分尚未划定的国际海底区域，海域管辖权复杂，统一的行动计划和规则难以满足不同海区的实际需要。其次，北极作为一个地区与全球系统之间的联系在加强，北冰洋的开发利用活动，如航道利用、油气资源开发、商业捕鱼主要由域外力量决定，确定北冰洋区域性合作的范围和领域、决定参与主体的范围、分配不同主体的权利义务等问题都非常棘手。最后，区域海洋机制的建立需要依托对该海域自然环境及其变化有较为充足的科学信息，以及周边沿岸国家有能达成协议的政治意愿，而北冰洋海域暂不具备类似的基础，有关北冰洋的科学信息和数据还十分匮乏，美国和俄罗斯两个世界强国的制衡增加了区域协调的难度。北冰洋区域海洋机制的设想与早先有学者提出的“北极条约”的思路有相似之处，面临的现实阻力尚未得到化解，短期内难以实现。

着眼于加强北极国家在管辖海域内的合作，美国北极学者提出北冰洋协调协议的建议，便利北极国家有效地协调和分享各国的保护、管理政策与实践。它设想建立一个灵活、多功能的机构，在不创设新制度的前提下致力于汇集和协调现有专家和机构，利用其专门知识和经验满足北极国家在北冰洋的治理需求。这一协调机制具有一定的灵活性，不必建立在有拘束力的协议基础上；海域适用范围上可以优先应用于北极沿岸国管辖海域，用以协调和提升沿岸国国内措施；在合作事项的确定上也采取循序渐进的方式，先在能够达成合作意向的领域开展合作，条件成熟后再逐步拓展合作领域，增加合作事项（Baker B & Yeager B，2015）。

6.3 域外国家参与北极治理

受气候变化影响和全球化进程的推动，北冰洋逐渐从冰封走向开放，国际社会正在加强对船舶航行、海上搜救、科学活动、公海捕鱼等事务的规制。无论是极地航行规则、北极国家签订的3个合作协议，还是北冰洋公海渔业多边磋商进程，北冰洋区域性规则的发展始终建立在一般国际法的框架基础上，“并非一种脱离国际法体系之外的地区性规制”（肖洋，2014）。相比全球其他海域，北冰洋区域治理才刚刚起步，在海事安全搜救、油污预防与反应等领域的合作时间较短，北极海事安全保障能力有待提升，区域性渔业合作管理组织和机制还在磋商和筹划阶段。

然而，北冰洋在全球海域布局中又具有一定的独特性，北冰洋区域治理不能照搬其他海域的模式。北冰洋位于地球的北端，气候极寒，常年被大范围海冰覆盖，是全球气候系统运转的巨大冷源之一。北冰洋不仅包含广阔的公海等国际公域，而且是全球气候变化的预警系统和主要作用地区。气候变化这一人类关注事项是北冰洋治理的重要议题，域外国家在北冰洋海域享有的权力和利益关切应当得到尊重。而且，北极地区面临的一些环境问题与其他区域的影响息息相关，气候变化、生物多样性及持久性有机污染物的扩散等影响北极生态系统和完整性的因素是全球范围人类活动造成的，也是在全球层面进行治理的（Young O R, 2011）。在气候变化和全球化双重作用下，北极汇集了国际航道通航、气候变化、重大科学研究、生态系统保护、资源能源开发等多个具有全球和地区重要影响的事务，多层次、分议题的北极合作机制逐步建立。

然而，北极合作发展的同时背后也存在利益冲突和斗争，北极国家利益与域外国家利益、沿海国利益与其他国家利益、北极地区利益与国际社会共同利益的博弈和斗争贯穿于北极治理的进程中。从当前北极区域治理的实践看，北极国家始终是北冰洋区域治理规则发展的推手，主导着规则制定、机制建立和相关磋商进程。在全球性合作平台上，北极国家提议制定极地水域的航行规则，将其利益诉求和航运管控经验融入到国际规则中。同时，加拿大和俄罗斯在其北极管辖海域内始终保持着严密的航行管控。目前形成的北冰洋区域合作协议多数局限于 8 个北极国家之间，例如海空搜救、溢油预防反应以及科学合作协议，体现出一定的排外性。这些协议实际上会进一步维护和强化北极国家在北极治理中的主导地位。在北极区域治理现有结构下，域外国家对北冰洋区域治理的参与和政策影响力十分有限，即使被接纳为北极理事会的观察员国，也无权参与任何决策，参与工作组等附属机构的活动也受到等级分明的规则限制。

北冰洋法律规则的制定和发展应当兼顾沿岸国的权利和其他国家在北冰洋海域的合法权益，不能忽视北极域外国家在北冰洋海域享有的开发利用海洋及其资源的合法权利。海洋法是北冰洋治理的基础性法律框架，尽管以《联合国海洋法公约》为核心的现代海洋法极大地拓展了沿岸国的海洋权益，但是《联合国海洋法公约》在赋予沿岸国广泛海洋权利的同时，也通过国际航行海峡通行制度、领海无害通过制度等保障航运国和内陆国的通行权益，构成对沿海国权利的制约。现代海洋法不是部分沿岸国的权利书，而是兼顾协调不同利益的海洋宪章。正如王铁崖教授所论，《联合国海洋法公约》作为一揽子交易进行谈判，许多规定是妥协和相互让步的结果，公约应作为整体来考虑（王铁崖，1993）。便利国际交通原则、公平利用海洋资源原则、海洋环境保护和可持续发展的海洋法基本原则应当在北冰洋法律秩序中得到体现（刘惠荣，韩洋，2010）。

在北极航道问题上，俄罗斯和加拿大援引“冰封区域条款”制定高于国际标准的船舶防污和通行标准，在北极海域建立了严格的航行管控制度，在其内水、领海和专属经济区海域推行无差别的航行管制，内水化特征明显，突破了海洋法海域分区制度及航行权制度，在科学依据基础等方面也存在不足（刘惠荣，李浩梅，2016）。这种国家实践片面强调沿岸国家的主权和安全，以期通过严密的国内管控建立有效控制的事实，在未来关于北极航道的相关谈判中争取主动地位，使得其他国家争取北极航道成为国际海峡从而适用过境通行制度变得日益困难。为了维护其他国家利用北极航线的航行权益，避免这种不利效果的出现，域外国家应限制北极沿岸国对冰封区域不合理的解释和使用，逐步推动多边规则逐步取代沿海国对北极航行实施的单边管制。

附录　相关法规和文件列表

1. 《北极海上航运评估报告》（Arctic Marine Shipping Assessment）

北极理事会2009年发布的《北极航运评估报告》是评估北极航运情况的权威研究报告。该报告具有普遍适用性，一方面它充分考虑到北极航运的相关主体，不仅包括北极国家，还纳入了包含运输公司、船舶设计建造者、船级社、海上保险人等在内的全球海事共同体；另一方面，该报告考虑了所有的船舶类型。该报告以海上安全与海洋环境保护为焦点，系统研究了与北极航行有关的北极海洋地理、气候和海冰情况、几条北极航线的航行史、北极航运的治理及当前航线的海上利用情况、环境保护、基础设施的各种情况，提供了有关北极气候和航运潜力的重要数据信息，也是对北极航运水平进行评估的基础数据。

2. 南极条约体系（Antarctic Treaty System）

南极条约体系是规范南极洲国际关系的法律框架，核心是《南极条约》，在此基础上不断发展出1972年的《南极海豹保护公约》、1980年的《南极海洋生物资源保护公约》、1988年的《南极矿产资源管理公约》（没有生效）、1991年的《南极环境保护议定书》等国际条约，南极协商国会议还通过了大量措施或建议、决定以及决议等法律文件，共同构成了南极条约体系。

《南极条约》是该体系的基石，于1959年12月1日开放签署，1961年6月23日正式生效，原始签署国为在1957—1958年国际地球物理年期间活跃在南极洲的12个国家，包括阿根廷、澳大利亚、比利时、智利、法国、日本、新西兰、挪威、南非、苏联、英国和美国，截至2016年有53个缔约国。为了兼顾主权要求国、潜在主权要求国以及非主权要求国的多方利益、避免南极主权争议引发冲突，条约确定了南极主权冻结的原则，并规定南极应为和平目的利用，禁止一切具有军事性质的措施，鼓励南极科学研究与国际合作。

3. 《斯匹次卑尔根群岛条约》（Treaty concerning the Archipelago of Spitsbergen, including Bear Island）

《斯匹次卑尔根群岛条约》，现称为《斯瓦尔巴条约》。第一次世界大战结束后，在战后凡尔赛谈判中14个原始缔约国于1920年2月9日签署了《斯匹次卑尔根群岛条约》，包括美国、丹麦、法国、意大利、日本、荷兰、挪威、瑞典和英国（包括英联邦下属的加拿大、澳大利亚、新西兰、南非、印度5国）等18个国家，不久苏联、德国和中国也签署了条约。1925年8月14日该条约生效，截至2016年，该条约共有45个缔约国。条约承认挪威对斯瓦尔巴群岛的主权，但是受到条约规定以及其他缔约国权利的限制，每个缔约国的所有公民都有权进入斯瓦尔巴群岛区域，可以在遵守挪威法律的范围内开展捕鱼、狩猎或从事各种海洋、工业、采矿或贸易活动。

4.《伊卢利萨特宣言》（The Ilulissat Declaration）

2008 年 5 月 27 日至 5 月 29 日，美国、加拿大、俄罗斯、丹麦和挪威 5 个北极国家在格陵兰伊卢利萨特举行了首次北冰洋会议，会议最后五国代表共同发布了《伊卢利萨特宣言》，涵盖了北极主权问题、北冰洋管理制度、环境监测与保护、航海安全、危机救援和科学合作等诸多内容。这一宣言宣示了北极五国作为北冰洋沿岸国的身份，认为北冰洋沿岸国北极五国在北极航道治理中拥有独特的地位。在宣言中，北极五国明确重申，已经有广泛的国际法律框架适用于北冰洋，特别是海洋法，北冰洋不需要制定新的法律框架。

5.《北极环境保护战略》（Arctic Environmental Protection Strategy）

《北极环境保护战略》，有时也被称为“芬兰倡议”，是北极国家间关于北极环境保护的一项多边、无约束力的协定。在芬兰的筹备和组织下，加拿大、丹麦、芬兰、冰岛、挪威、瑞典、苏联和美国 8 个北极国家从 1989 年开始先后经过 4 次北极环境会议的准备和磋商，最终于 1991 年在罗瓦涅米部长级会议上通过了《北极环境保护战略》。这一战略表达了北极八国联合应对北极环境问题的共识，确定了 5 个目标和 6 种需要控制的污染问题，并制定了相应的行动计划，涉及监测、评估、保护、应急准备反应以及北极地区的保护，成为冷战时期的重大政治成就。为了实施这一战略，北极八国建立了四个工作组和一个特别任务组，分别开展污染监测和影响评估、物种和栖息地保护、北极海洋环境保护、突发事件预防、准备和反应，以及可持续发展和利用方面的工作。

在格陵兰努克举行的 1993 年后续会议上，部长们赞同扩大《北极环境保护战略》，以处理可持续发展问题，并发表了《努克宣言》。北极八国经过艰难的谈判，直到 1996 年 9 月，8 个北极国家达成《成立北极理事会的渥太华宣言》，接管《北极环境保护战略》下建立和运行的工作组。

6.《北极气候变化评估报告》（Arctic Climate Impact Assessment）

2004 年应北极理事会部长会议的要求，北极气候影响评估工作开启，该评估工作在北极监测和评估工作组的协调下，由该工作组与保护北极动植物工作组和国际北极科学委员会合作编写报告，超过 250 位科学家和 6 个北极圈原住民组织参与了这项研究。2004 年 11 月，概览报告《北极升温的影响》正式发布，科学报告 2005 年发布，北极高官会议还根据该评估报告制定了政策建议。

《北极气候变化评估报告》是对北极气候变化及其对整个地区和世界的影响进行的第一次全面研究和独立评价的评估。报告描述了北极地区正在发生的气候变化状况及其后果，具体表现为气温上升、海冰减少、格陵兰冰盖融化，对北极地区的生态系统、动物以及当地居民的生存带来重要影响。

7.《极地水域船舶操作国际规则》（International Code for Ships Operating in Polar Waters）

《极地水域船舶操作国际规则》是国际海事组织制定出台的适用于南北极水域的国际海事规则，目的是保障极地水域船舶航行安全，并保护极地海域的环境。在2014年1月的船舶设计和建造分委会（前船舶设计和装备分委会）会议上，原则上通过了强制性的极地水域船舶操作准则草案，并先后经海上安全委员会会议和海洋环境保护委员会会议通过了对《国际海上人命安全公约》（《SOLAS》）、《国际防止船舶污染公约》（《MARPOL 73/78》）的修正案，使得《极地水域船舶操作国际规则》具有法律拘束力。

《极地水域船舶操作国际规则》的内容涵盖航行安全和环境保护的各个方面，是一部综合性的规则，全面规定船舶设计、建造、装备、操作、培训、搜救及环境保护等与极地航行船舶操作的相关事项，包括航行安全和环境保护两部分。航行安全方面，涉及船舶结构、机械设备、电气装置、防火安全、救生设备、航行安全等；环境保护方面，规则在《国际防止船舶污染公约》附则基础上提高了对油类物质、散装有毒液体物质等4类污染物的排放标准。两个部分的规则均包括强制性措施和建议性措施两种规定，采用风险评估和目标导向原理制定安全规则，规则表现为“目标-功能要求-规定”的形式。

8.《防止北极水域污染法》（Arctic Waters Pollution Prevention Act）

1969年美国“曼哈顿”号油轮穿行事件促使加拿大强化对北极水域的管辖。为避免内水主张过于激进而招致国际上的强烈反对，加拿大政府最终于1970年制定了《防止北极水域污染法》，以保护北极脆弱的海洋环境为由扩展和强化对北极水域的管辖。法案的适用范围为自加拿大北极领海基线起向海100海里、北纬60度以北的水域，禁止任何污染物排放，并对通行船舶规定了高于一般接受的船舶设计、建造和人员配备的国际标准。

这一法案的出台对《联合国海洋法公约》中唯一一条北极专门条款的产生具有重要影响。法案的管辖范围超出了加拿大领海范围，在当时这一法案超出了国际法，为了取得国际法依据，加拿大在法案出台前后积极开展双边和多边外交活动，并最终在第三次联合国海洋法磋商会议上，主导了第二三四条“冰封区域条款”的形成和通过。这一条款又被称为“北极条款”，赋予冰封区域沿海国享有的特别环境管辖权，可以在满足一定条件的情况时单方制定和执行超越国际标准的环境规则和标准，因而成为加拿大和俄罗斯制定北极水域管理法规的重要依据。该法案经历了几次修订，适用范围扩大至200海里专属经济区外部界限，至今仍然是加拿大防控北极水域污染最重要的法律，在此法案之下有两个重要的执行性法规——《防止北极航行污染规定》和《防止北极水域污染规定》，这两个规定包括了法案实施的具体措施。

9.《加拿大北方船舶交通服务区规定》（Northern Canada Vessel Traffic Services

Zone Regulations)

2001 年《加拿大航行法》是加拿大重要的海上航行管理法规，建立了交通服务区制度，对通行船舶提出了报告、提交信息、保持通信等方面的要求。加拿大较早通过《船舶交通服务区规定》和《加拿大东部船舶交通服务区规定》在其西海岸和东海岸建立起了强制性的航行安全区制度，详细规定了船舶通信和报告时间、操作标准、程序等要求。而加拿大北极水域长期使用自 1977 年引入、非强制性的交通系统 NORDREG。2010 年《加拿大北方船舶交通服务区规定》的出台改变了 NORDREG 的自愿性质，“报告”成为通行北极水域船舶的强制性要求。

2010 年《加拿大北方船舶交通服务区规定》强制性要求通行其管辖北极海域的船舶提交全时段报告，进入北方交通服务区的船舶需要提交包含广泛信息的航行报告，其中包括船舶所在地理位置及具体日期和时间、航速、最后一个挂靠港、进入北方交通服务区或离港的大约日期和时间、目的地和预计到达时间、计划路线、离开服务区或停泊的大约日期和时间、货物的介绍、气候和冰情的介绍、北极防污证书、船舶冰级等信息。

10. 《北方海航道海域航行规则》(Rules of Navigation on the Water Area of the Northern Sea Route)

1990 年苏联向国际航运开放北方海航道，陆续出台了《北方海航道海路航行规则》以及有关破冰船领航、引航员引航、船舶设计装备和必需品的专门技术规则，对北方海航道的交通实施内水化管制，其中强制性引航和高昂收费等规定饱受诟病。2013 年，俄罗斯通过修正案对涉及北方海航行的主要法律做了修订，新的《北方海航道海域航行规则》规定了许可规则、航程中的报告规则、准入期间和区域规则以及破冰船领航与引航员冰区引航规则。

11. 《北极海空搜救合作协议》(Agreement on Cooperation on Aeronautical and Maritime Search and Rescue in the Arctic)

2011 年 5 月 12 日在北极理事会努克部长级会议上，加拿大、丹麦、芬兰、冰岛、挪威、俄罗斯、瑞典和美国八国签订了《北极海空搜救合作协议》，这是北极国家签署的第一份具有法律拘束力的区域合作条约，于 2013 年 1 月 19 日生效。该合作协议协调北极地区的国际搜救范围和应急反应，为每一个国家建立了搜救责任区，并建立了各自的航空和海上救援协调中心。在各国负责的区域内，各成员国必须为提供必要搜救能力和基础设施承担成本。该协议主要解决了搜救辖区的划分问题和搜救操作过程中的跨辖区加油问题。北极国家承诺在其管辖范围内促进建立、运行和维持足够和有效的搜索和救援能力。协议生效后，缔约方开展了多次联合演习。

12. 《北极海洋油污预防和反应合作协议》(Agreement on Cooperation on Marine Oil Pollution Preparedness and Response in the Arctic)

2013 年 5 月 15 日，在北极理事会基律纳部长级会议上，北极八国签署了《北极海洋油污预防和反应合作协议》，以加强北极国家在北极溢油反应操作方面的合作与协调，促进和鼓励海洋自然资源的保护和可持续利用。北极国家承诺在其管辖范围内建立并维持相关国家系统以迅速有效地应对石油污染事件，在石油溢漏超过一个国家的反应能力的情况下提供相互援助；开展适当的监测活动，查明已缔约方国家管辖范围内的石油溢漏情况；通过开展联合演习和培训，促进各方之间的合作与协调；促进信息交流，提高应对行动的效率；并对协调反应行动期间开展的活动进行联合审查，等等。

13.《加强北极国际科学合作协议》（Agreement on Enhancing International Arctic Scientific Cooperation）

2017 年 5 月 11 日，在阿拉斯加费尔班克斯举办的第十届北极理事会部长级会议上，美国、加拿大、丹麦、芬兰、冰岛、挪威瑞典和俄罗斯八国签署了《加强北极国际科学合作协议》。该协议是北极理事会主持下谈判达成的第三项具有法律约束力的协议，旨在为北极地区相关科研活动提供更为便利的条件。协议确保 8 个北极国家的科学家进入各国已确定的北极地区，包括人员、设备和材料的进出，获得基础研究设施，以及进入研究区域，这将极大便利北极国家开展北极科学考察，对推动北极科学考察合作具有重要意义。但这项科研合作协定及其互惠便利措施仅限于北极国家，并没有纳入北极域外国家。

参考文献

白佳玉，李俊瑶 . 2015. 北极航行治理新规则：形成、发展与未来实践 ［J］. 上海交通大学学报（哲学社会科学版），23（6）：16，20-21.

北极问题研究编写组 . 2011. 北极问题研究 ［M］. 北京：海洋出版社，256，257-258.

陈力 . 2014. 论南极海域的法律地位 ［J］. 复旦大学学报（社会科学版），（05）：159.

陈玉刚，陶平国，秦倩 . 2011. 北极理事会与北极国际合作研究 ［J］. 国际观察，（04）：19.

程保志 . 2013. 试析北极理事会的功能转型与中国的应对策略 ［J］. 国际论坛，（03）：44.

郭培清，卢瑶 . 2015. 北极治理模式的国际探讨及北极治理实践的新发展 ［J］. 国际观察，（05）：57-59，57-64，69.

郭培清，管清蕾 . 2009. 北方海航道政治与法律问题探析 ［J］. 中国海洋大学学报（社会科学版），（4）：1-5.

郭培清 . 2009. 北极航道的国际问题研究 ［M］. 北京：海洋出版社，10.

韩逸畴 . 2011. 论西北航道争端之困境与出路 ［J］. 武汉大学国际法评论，（1）.

黄惠康，黄进 . 1987. 国际公法国际私法成案选 ［M］. 武汉：武汉大学出版社，92-94.

刘惠荣，董跃 . 2012. 海洋法视角下的北极法律问题研究 ［M］. 北京：中国政法大学出版社，48-50.

刘惠荣，韩洋 . 2010. 北极法律问题：适用海洋法基本原则的基础性思考 ［J］. 中国海洋大学学报（社会科学版），（01）：1-5.

刘惠荣，李浩梅 . 2016. 北极航行管制的法理探讨 ［J］. 国际问题研究，（06）：99-101.

刘惠荣，林晖 . 2009. 论俄罗斯对北部海航道的法律管制——兼论其与《联合国海洋法公约》的冲突 ［J］. 中国海洋大学学报（社会科学版），（04）：7-8.

刘惠荣，刘秀 . 2009. 西北航道的法律地位研究 ［J］. 中国海洋大学学报（社会科学版），（05）：1-4.

刘惠荣，杨凡. 2010. 北极生态保护法律问题研究 ［M］. 北京：知识产权出版社，68-69.

卢芳华 . 2013. 论斯瓦尔巴群岛的法律地位 ［J］. 江南社会学院学报，（01）：76.

孙凯，郭培清 . 2012. 北极治理机制变迁及中国的参与战略研究 ［J］. 世界经济与政治论坛，（02）：123.

王铁崖，邓正来. 1993. 王铁崖文选 ［M］. 北京：中国政法大学出版社，125.

王泽林 . 2014. 北极航道法律地位研究 ［M］. 上海：上海交通大学出版社，158-173，240.

肖洋 . 2014. 北极海空搜救合作：成就、问题与前景 ［J］. 中国海洋大学学报（社会科学版），（03）：9.

杨凡 . 2010. 北极生态保护法律研究 ［D］. 青岛：中国海洋大学，47-48.

杨剑 . 2014. 北极航运与中国北极政策定位 ［J］. 国际观察，（1）：123-137.

张侠，屠景芳，钱宗旗，等 . 2014. 从破冰船强制领航到许可证制度——俄罗斯北方海航道法律新变化分析［J］．极地研究，(02)：270-272.
张侠，屠景芳．2011. 北极经济再发现下的国际合作状况研究［J］．中国海洋法学评论，(2)：116.
赵可金，倪世雄．2007. 中国国际关系理论研究［M］．上海：复旦大学出版社，285-286.
Baker B and Yeager B. 2015. Coordinated Ocean Stewardship in the Arctic: Needs, Challenges and Possible Models for an Arctic Ocean Coordinating Agreement [J]. Transnational Environmental Law, 4 (2), 375-380.
Bartenstein K. 2011. The 'Arctic Exception' in the Law of the Sea Convention: A Contribution to Safer Navigation in the Northwest Passage [J]. Ocean Development and International Law, 42: 39-41.
Blanco-Bazán A. 2009. Specific Regulations for Shipping and Environmental Protection in the Arctic: The Work of the International Maritime Organization [J]. The International Journal of Marine and Coastal Law, 24: 384.
Brubaker R D. 1999. The Legal Status of the Russian Baselines in the Arctic [J]. Ocean Development & International Law, 30 (3): 191-233.
Brubaker R D. 2005. The Russian Arctic Straits [M]. Leiden: Martinus Nijhoff, 17-23, 55-56.
Brubaker R D. 2010. Straits in the Russian Arctic [J]. Ocean Development and International Law, 32 (3): 263-287.
Byers M. 2013. International Law and the Arctic [M]. Cambridge University Press, 15-16, 173-174.
Franckx E. 2008. The legal regime of navigation in the Russian Arctic [J]. Journal of Transnational Law & Policy, 18: 331~333.
Jensen Ø. 2016. The International Code for Ships Operating in Polar Waters: Finalization, Adoption and Law of the Sea Implications [J]. Arctic Review on Law and Politics, 7: 76-77.
Jia B B. 1998. The Regime of Straits in International Law [M]. Oxford University Press, 163.
Jia B B. 2013. The Northwest Passage: An Artificial Waterway Subject to a Bilateral Treaty Regime? [J]. Ocean Development and International Law, 44 (2): 123-144.
Keskitalo E C H. 2004. Negotiating the Arctic: the construction of an international region [M]. London: Routledge, 35.
Koivurova T. 2011. The Status and Role of Indigenous Peoples in Arctic International Governance [J]. Yearbook of Polar Law, 180-181.
Kraska J. 2007. The Law of the Sea Convention and the Northwest Passage [J]. The International Journal of Marine and Coastal Law, 22 (2): 257-281.
Luttmann P. 2015. Ice-covered Areas under the Law of the Sea Convention: How Extensive are Canada' s Coastal State Powers in the Arctic? [J]. Ocean Yearbook, 29 (1): 122.
Mcdorman T L and Schofield C. 2015. Maritime Limits and Boundaries in the Arctic Ocean: Agreements and Disputes, Handbook of the Politics of the Arctic [C]. Edward Elgar Publishing, 212-220.
Mcdorman T L. 2014. A Note on the Potential Conflicting Treaty Rights and Obligations between the IMO' s Polar Code and Article 234 of the Law of the Sea Convention [A]. Suzanne Lalonde and

Ted L. McDorman. International Law and Politics of the Arctic Ocean [M]. Brill Nijhoff, 155.
Mcrae D M, and Goundrey D J. 1982. Environmental jurisdiction in Arctic waters: The extent of article 234 [J]. University of British Columbia Law Review, 16: 215-222.
Nordquist M H, Moore J N, Soons A H A, et al. 2012. The law of the sea convention: US accession and globalization [M]. Martinus Nijhoff Publishers, 419-420.
Pharand D and Legault L H. 1984. The Northwest Passage: Arctic Straits [M]. Martinus Nijhoff.
Pharand D. 1988. Canada's Arctic waters in international law [M]. Cambridge: Cambridge University Press.
Pharand D. 1992. The Case for an Arctic Region Council and a Treaty Proposal [J]. Revue générale de droit, 23: 163-195.
Pharand D. 2007. The Arctic waters and the Northwest Passage: A final revisit [J]. Ocean Development and International Law, (38): 4-28, 47-48.
Roach J A and Smith R W. 2012. Excessive maritime claims [M]. Martinus Nijhoff Publishers.
Rothwell D. 1996. The Polar Regions and the development of international law [M]. Cambridge University Press, 68, 227-229, 238-242.
Stokke O S. 2012. Regime interplay in Arctic shipping governance: explaining regional niche selection [J]. International Environmental Agreements-politics Law and Economics, 13 (1): 80.
Young O R. 2011. If an Arctic Ocean treaty is not the solution, what is the alternative [J]. Polar Record, 47 (04): 332-334.
Young O R. 2016a. The shifting landscape of Arctic politics: implications for international cooperation [J]. The Polar Journal, 6 (2): 5-6.
Young O R. 2016b. Governing the Arctic Ocean [J]. Marine Policy, 72: 272-273, 276.